처음 읽는
클래식 음악의
역사

처음 읽는
클래식 음악의
역사

나카가와 유스케 지음 | 나지운 옮김

탐나는책

이 책의 목적은 클래식 음악의 역사를 몇 시간 안에 훑어보는 것이다. 꽤 무모해 보이지만 그럼에도 시도해볼 가치는 있다.

이 책의 제목은 말 그대로 '처음 읽는 클래식 음악의 역사'다. '음악사'도 '서양 음악사'도 아닌, '클래식 음악의 역사'를 핵심 제목으로 붙인 이유가 있다.

시중에 '클래식 음악 입문'이라는 제목으로 출간된 책은 많지만, '클래식 음악의 역사'를 제목으로 잡은 책은 드물다. '음악사' 혹은 '서양 음악사'를 제목으로 내세운 책 또한 헤아릴 수 없을 정도로 많다. '음악사'를 타이틀화한 책에 등장하는 음악 대부분은 클래식 음악이다. '문학사' 또는 '미술사'를 타이틀화한 책들이 고전 명작들과 그것들을 만든 천재적인 작가, 화가 들을 다루듯이 말이다.

말하자면 음악사에 남을 만한 음악은 결국 클래식 음악이라는 애기다. 그런데 클래식 음악은 학문 용어가 아닌 까닭에 학자가 집필한 책이라면 '서양 음악사'처럼 학문적 용어로 표현해야 했으리라.

좁은 의미의 클래식 음악, 즉 고전파 음악이란 18세기 후반에서 19세기 초에 걸쳐 오스트리아 빈을 중심으로 유행한 음악을 말한다. 하지만 이 책은 넓은 범주의 클래식 음악, 즉 르네상스 시대부터 지극히 최근의 음악까지 다룬다.

이 책 제목이 '처음 읽는 클래식 음악의 역사'인 이유는 단순하다. 대형 음반 매장의 클래식 음악 코너에 놓인 음악 전반을 다루기 때문이다. 그레고리오 성가 이후 르네상스 시대 음악을 비롯해 바로크, 고전파, 낭만파, 20세기 현대 음악 모두 클래식 음악의 범주에 있다. 그러한 분류에 따라 클래식 음악의 역사를 다룬다는 얘기다.

이 책의 진행은 시간상 흐름과 일치하며 인물, 사건, 개념, 전문 용어의 99개 주제별로 이야기가 이어진다. 항목마다 독립적이지만 이어서 읽으면 역사의 흐름 또한 이해할 수 있도록 단편 연작 방식으로 구성했다. 흥미 있는 항목만 읽어도 좋고, 첫 장부터 읽어도 좋고, 마지막 장부터 거슬러 올라가며 읽어도 좋다. 이야기의 완결을 위해 중복되는 부분이 있는데, 이에 대해서는 너그러운 양해를 구한다. 아울러 100으로 끝맺지 않은 건 이 세상에 '완전한 것은 없다'는 의미를 담고 싶었기 때문이다.

소제목 99개 중 절반 남짓의 51개가 음악가 이름이다. 다시 말해 이 책은 인물 사전 요소가 강하다. 이는 '역사는 소수의 천재에 의해 만들어진다'는 영웅 사관에 바탕을 두고 있기 때문이다. 마르크스주의 역사관 시각에서는 발끈할 수도 있겠으나, 재미있게 읽을 만한 예술사를 쓸 경우 '천재 열전'이 되는 건 어쩔 수 없다.

물론 천재가 재능을 발휘하려면 그 사회·경제 상황을 무시해서는 안 된다. 하부 구조의 변화에 따라 상부 구조인 예술·문화는 끊임없이 변하기 때문이다. 물론 예술가의 감성이 시대 변화를 미리 감지하고 한발 앞서가기도 한다. '노래는 세상에 따라, 세상은 노래를 따라(歌は世につれ世は歌につれ, 어떤 노래가 유행하는지는 세상의 변화에 따라 바뀌어가지만 세상도 유행하는 노래에 영향을 받는다는 일본어 속담)'라는 옛말처럼 말이다.

그런 연유로 음악가들이 어떤 사회·경제 구조 속에서 음악을 만들어냈는지, 프랑스 혁명이나 러시아 혁명이라는 사회 변혁으로 음악이 어떻게 변해왔는지도 알기 쉽게 설명했다.

이 책은 음악계에 큰 발자취를 남긴 거장들의 명곡과 대표곡을 소개하지만, 누구의 연주로 들어야 하는지를 알려주진 않는다. 내가 클래식 음악을 듣기 시작한 학창 시절, 그러니까 1970년대까지는 이른바 명반에 대한 신앙 같은 게 존재했다. 하지만 이제 그런 신앙은 사라진 지 오래다. 당시 LP 음반이 2천 엔 정도였는데, 결코 저렴하다고 할 수 없는 가격이었기에 평론가나 전문가가 손꼽는 명반 정보가 필요했다. 검증되지 않은 레코드에 아까운 돈을 낭비할 일이 없도록 말이다. 하지만 오늘날은 과거 거장들의 명반이 기껏해야 몇백 엔도 안 되는 시대다. 심지어 유튜브에는 공짜 음원이 넘쳐난다.

물리적인 이유도 존재한다. 예전에는 특정 명곡을 녹음한 레코드가 몇 종류뿐이어서 그중에 심사숙고하며 골랐지만, 요즘은 같은 곡을 녹음한 레코드가 너무도 많다. 전문가들이 모든 레코드를 다 들어보고 명반을 고른다는 건 이제 불가능해졌다는 얘기다.

차례

제1장

고대-르네상스

01
인류 음악의
조상

　서양 음악의 뿌리는 고대 그리스 시대(기원전 4-5세기)로 거슬러 올라간다. 미리 밝혀두지만, 서양 음악이 세상에 존재하는 음악의 전부는 아니다. 아시아, 아프리카, 남북 아메리카 대륙에도 고대부터 음악은 존재해왔다.

　심지어 현 인류 이전, 지구상에 존재한 네안데르탈인도 노래를 불렀다고 전해진다. 언어는 없었지만, 음악은 있었던 모양이다.

　이런 사실은 인간이 성장하는 과정만 봐도 알 수 있다. 말을 모르는 아기도 음악에는 반응한다. 시중에 태교 클래식 음악 CD가 꾸준히 팔리는데, 사람들은 클래식 음악이 태교에 좋다고 말한다. 태어난 아기뿐만 아니라 배 속의 태아도 음악에 반응한다는 얘기다. 곡을 이해하거나 감동하는 수준은 아니더라도 말이다.

　영국의 인지 고고학자 스티븐 미슨은《노래하는 네안데르탈인(음악과 언어로 보는 인류의 진화)》(뿌리와이파리, 2008)에서 이렇게 말한다.

음악은 인간이 진화하는 과정에서 탄생한 언어의 부수적 산물이 아니라 그 반대였다고. 네안데르탈인은 말이 아닌 노래로 의사소통했다. 물론 가사 없는 멜로디였지만 말이다. 그러다 세월이 흘러 진화한 인류가 언어로 의사소통을 하면서 음악은 감정 표현의 수단으로 돌아갔다. 언어와 음악의 역할이 분리된 것이다. 이는 어디까지나 가설에 불과하지만 제법 흥미로운 얘기다.

인류가 음악 연주를 했다는 사실을 알려주는 가장 오래된 증거는 무엇일까. 독일의 울름(Ulm)이라는 도시 근처 동굴에서 피리가 발견되었는데, 이는 약 35000년 전에 독수리 날개 뼈로 만든 것으로 추정된다. 물론 그 당시 상황이 역사적으로 밝혀진 바는 없다. 왕조와 같은 역사를 알 만한 시대로 한정하자면, 고대 메소포타미아 우르(Ur) 왕조 유적의 무덤에서 하프·관악기·타악기 등이 출토되었는데 이 유물들은 기원전 2500년경에 만들어진 것으로 알려진다.

이런 사실들을 종합해보면, 서기 1600년 전후에 탄생한 클래식 음악은 전체 음악사를 통틀어 극히 최근에 등장한 새로운 음악인 셈이다. 그것도 지구상 유럽이라는 한정된 지역에서 탄생하고 발전한 음악으로 말이다.

그런 클래식 음악이 어떻게 세계 음악계의 제왕으로 군림할 수 있었을까. 이는 서양 문명이 세계를 제패한 것과 연관이 깊다. 요컨대 서양 문명이 세계를 제패하기 위한 도구로 클래식 음악을 사용했다는 뜻이다.

02
가장 오래된
클래식 음악

　레코드점에 가면 클래식 음악 코너 중 종교 음악 장르가 큰 공간을 차지한다. 일본의 총인구 중 기독교인 비율을 생각해볼 때 이상할 정도다. 그렇다고 클래식 음악 팬 상당수가 기독교인은 아닐 터. 종교 음악 CD를 사서 듣는 사람은 무교가 압도적으로 많은데, 그들은 단지 음악 그 자체로 기독교 음악을 듣는 것뿐이다. 예수의 탄생을 축하하지도 않으면서 크리스마스 날 케이크를 먹듯 말이다.

　클래식 음악 팬들은 왜 믿지도 않는 기독교의 음악을 찾아 들을까. 그것은 클래식 음악과 기독교가 떼려야 뗄 수 없는 관계이기 때문이다. 위대한 클래식 음악 작곡가 대다수가 죽은 이를 위한 미사곡인 레퀴엠을 작곡한 것만 봐도 알 수 있듯, 종교 음악을 생략하고는 작곡가를 제대로 알기 어렵다. 이것이 클래식 음악 팬들이 종교 음악을 듣는 이유다.

　20세기 말 이른바 '힐링 음악'이 유행할 때 베스트셀러가 된 앨범

이 있다. 바로 기독교 음악의 대표주자 '그레고리오 성가' CD다. '현존하는 가장 오래된 클래식 음악'이라고 불리는 그레고리오 성가는 기독교 예배 의식을 위해 만들어진 음악으로, 악기 반주 없이 성가대가 부르는 노래다. 590년에서 604년까지 로마 교황으로 재위한 그레고리오 1세가 집대성했기에 그의 이름을 따서 그레고리오 성가라고 한다(어떤 연구자는 그레고리오 1세 이후에 등장했다고 주장하기도 한다).

그레고리오 성가가 현존하는 가장 오래된 클래식 음악이라고 하는 것은 무엇을 의미할까. 지금도 연주할 수 있는 가장 오래된 곡이라는 뜻이다. 이는 악보가 존재하는 가장 오래된 음악이라는 뜻이기도 하다. 이전 음악 중에도 악보와 같은 형태가 존재하지만, 우리가 그 악보를 이해하지 못하기에 연주는 불가능하다. 가령 고대 이집트에서 어떤 음악이 연주됐는지는 어디까지나 상상의 영역이다. 일본 헤이안 시대(794-1185)의 음악이 TV 드라마에서 흘러나오는 건 창작자가 '그때 음악은 이럴 것이다'라고 상상해서 만든 것이지, 당시 음악의 기록이 전해져서가 아니다.

다만 오래전의 음악 중 기독교 음악만이 악보로 전해진 까닭에 현재 우리가 그걸 보고 재현할 수 있는 것이다.

현존하는 가장 오래된 성가가 기록된 악보는 900년 전후에 등장한 '비잔틴 네우마 악보'다. 당시에는 그레고리오 성가가 하나의 멜로디만을 가진 단선율 음악(모노포니)이었기에 대략적인 선율의 움직임만 기록했다. 그러다 12세기부터 13세기에 걸쳐 파리의 노트르담 대성당을 중심으로 활약한 작곡가들(노트르담 악파)이 더 많은 선율을 추가한 다선율 음악(폴리포니)을 만들어 발전시켰다. 하나의 선율에서 여러 개 선율을 연주하면서부터 음악은 한결 풍성해지기 시작했다.

현재 우리가 사용하는 5선 악보는 15세기 중반에 등장한 것이다. 5선 악보가 나오면서 음의 높이와 길이를 기록하는 일이 가능해졌고, 곡을 구성하는 요소 상당수의 표현 또한 가능해졌다.

영화나 드라마를 보다 보면, 소설가가 원고지에 글을 써 내려가듯 작곡가가 펜으로 5선 악보에 작곡하는 장면이 종종 나온다. 참고로 덧붙이자면, 최초의 악보는 창작이 아니라 기록이 목적이었다.

흔히 말하는 예술가 혹은 창작자로서의 작곡가가 등장한 건 1600년대 바로크 시대에 이르러서다.

03
악보

그림은 그려진 대로 작품이 된다. 하지만 음악은 그리 간단치가 않다. 이런 논란들이 따라오기 때문이다.

'악보 자체로 작품인가, 악보대로 연주되어야 작품인가?'

'작곡가가 악보를 쓴 시점에서 이미 작품은 완성된 것인가, 악보대로 음악이 연주되어야 완성되는 것인가?'

따지고 보면 악보가 없는 시절부터 음악은 존재한 셈이니, 연주가 되어야 비로소 음악이라고 할 수 있지 않을까. 말 나온 김에 악보의 역사를 잠시 짚어보자.

현존하는 가장 오래된 악보는 앞서 언급한 대로 900년경 교회 음악을 기록한 것인데, 이게 오늘날 5선 악보의 원형이다. 초기에는 5선은커녕 선 하나 없이 소리의 길이와 높이를 곡선과 직선으로 나타냈다. 그러다 10세기 무렵부터 선을 긋기 시작했고, 13세기 때 선 4줄 위에 멜로디의 높낮이를 나타내는 기호(네우마)를 사용했다.

이로부터 15세기 때 5줄이 그어진 5선 악보로 거듭났다.

악보가 발명되면서부터 로마에서 만들어진 성가가 유럽 전역으로 퍼져나갔다. 그전까지는 구전으로만 전해진 까닭에 같은 음악일지라도 지역마다 다양하게 변화했을 것이다.

이후 5선 악보는 음의 높낮이뿐 아니라 길이도 표현하게 되었다. 4분음표, 8분음표처럼 음별로 길이가 정해지고 소절도 구분되면서 리듬도 나타낼 수 있게 되었다. 이는 곧 음악에서 규칙성과 법칙성이 생겼음을 의미한다.

인쇄 기술이 탄생하기 전까지 악보는 일일이 손으로 베껴 써야 했는데, 1450년 요하네스 구텐베르크가 활자 인쇄술을 발명하면서 새로운 전기를 맞이했다. 그로부터 50여 년 후인 1501년, 베네치아에서 《오데카톤(다성 음악 100곡)》이 출간되었다. 오타비아노 페트루치라는 인쇄업자가 만든 이 악보집은 종교 음악이 아닌 세속의 음악을 담은 다성 음악 곡집으로, 현존하는 가장 오래된 악보 인쇄본으로 알려져 있다.

당시에는 지금처럼 사진 제작 기술이 없었기에 5선보, 음표, 가사를 각각 따로 찍었다. 악보선만 먼저 인쇄하고, 그 선을 인쇄한 종이에 음표를 인쇄한 다음, 마지막에 가사를 인쇄해서 악보를 완성하는 식이었다. 말하자면 한 장의 종이를 여러 번 찍어내는 다색 판화와 유사한 방식이었던 셈이다.

04
르네상스
음악

♪

　음악에도 '르네상스 음악'이라 불리는 작품군이 있다. 15세기부터 16세기까지의 음악이 그것이다. 미술에서 '르네상스'라고 하면 고대 그리스·로마 시대의 문화를 재생하고 부흥한다는 명확한 인식이 있었던 데 반해, 음악에서 말하는 '르네상스'란 단순한 시대 구분으로써 미술사의 르네상스 시대에 해당하는 음악이라는 뜻이다. 최근에는 그 이전의 중세 음악과 함께 '초기 음악(early music)'이라고 부르기도 한다.

　게다가 르네상스 시대의 모든 음악이 르네상스 음악도 아니다. 가톨릭교회에서 부르던 종교곡에만 국한된다. 음악은 회화나 조각과 달리 그 자리에서 연주되고 사라져버리므로 당시 어떤 음악이 존재했는지 명확히 알기란 어렵다. 그 때문에 오로지 악보가 현존하는 교회 음악만 역사적으로 그 존재가 인정되는 것이다.

　오래전에도 농민들은 축제 때 노래를 부르고 춤을 추고 악기를 연주했다. 하지만 그런 민요는 음악사에서 정식으로 채택되지 않는다. 악보가 없는 까닭이다.

참고로 르네상스 음악은 CD가 있으니 들으려면 얼마든지 들을 수 있다. 하지만 콘서트에서 연주되는 곡은 별로 없다. 대중성은 거의 없어 클래식 음악 마니아들만 찾아 듣는다.

음악사는 이탈리아와 독일을 중심으로 발전해왔는데, 르네상스 시대의 음악은 영국에서 발전했다. 영국의 작곡가 존 던스터블(1390-1453)이 르네상스 음악 탄생에 중요한 역할을 했다. 그의 자세한 경력은 알려진 바 없는데, 미사곡을 비롯해 50여 작품 정도가 남아 있다.

던스터블은 백년전쟁 말기인 1422년부터 1435년 무렵 프랑스에 체류했는데, 그때 프랑스에서 활동하던 부르고뉴 악파에 영국의 독자적인 3도와 6도를 다용하는 화음을 전수했다고 한다. 그 덕분에 프랑스 특유의 우아한 선율과 결부된 새로운 음악이 탄생했다.

르네상스 미술의 발상지는 이탈리아다. 그러나 음악의 경우 프랑스의 부르고뉴 공국이나 플랑드르 지방이 중심지였다. 이탈리아에서 활약하는 음악가 상당수도 이 지방 출신이었다. 이탈리아가 음악의 본거지로 발돋움하는 건 바로크 시대부터다. 이후 독일이 부상해 오랜 시간 클래식 음악의 패권을 장악하지만, 이 당시 독일은 음악 후진국에 불과했다.

당연한 얘기지만 르네상스 시대의 음악가는 콘서트나 CD, 인터넷 방송 등으로 수입을 얻을 수 없었다. 악보 출판으로 수입을 얻는

Quam pulchra es

John Dunstaple

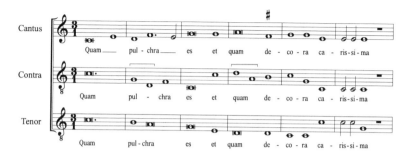

현대 표기법으로 된 존 던스터블의 〈Quam pulchra es(그 얼마나 아름답고)〉의 시작 라인

것도 아직은 먼 얘기였다. 그들은 교회나 궁중에 고용된 신분이었다. 지금으로 치면 회사원인 셈이다. 교회에 고용된 음악가는 종교 의식을 위한 음악을 만들었고, 궁중에 고용된 음악가는 의식(예식, 국가 행사)이나 왕과 귀족의 오락을 위한 음악을 만들었다. 자신의 예술적 욕구를 추구하며 음악을 작곡한다는 건 언감생심이었다.

지금 말로 하자면 '영혼 없는 직장인'이랄까. 그렇다고 그들을 비난할 수는 없는 노릇이다. 당시엔 그게 당연한 사회였으니까. 음악 그 자체는 예술이 아니라 실용을 위해 존재한 시대였다.

당시 종교곡은 오직 노래만으로 이루어졌지만, 르네상스 시대부터 악기가 반주로 이용되기 시작했다. 이후 악기가 기술적으로 발전을 거듭하면서 바로크 시대를 여는 계기가 되었다.

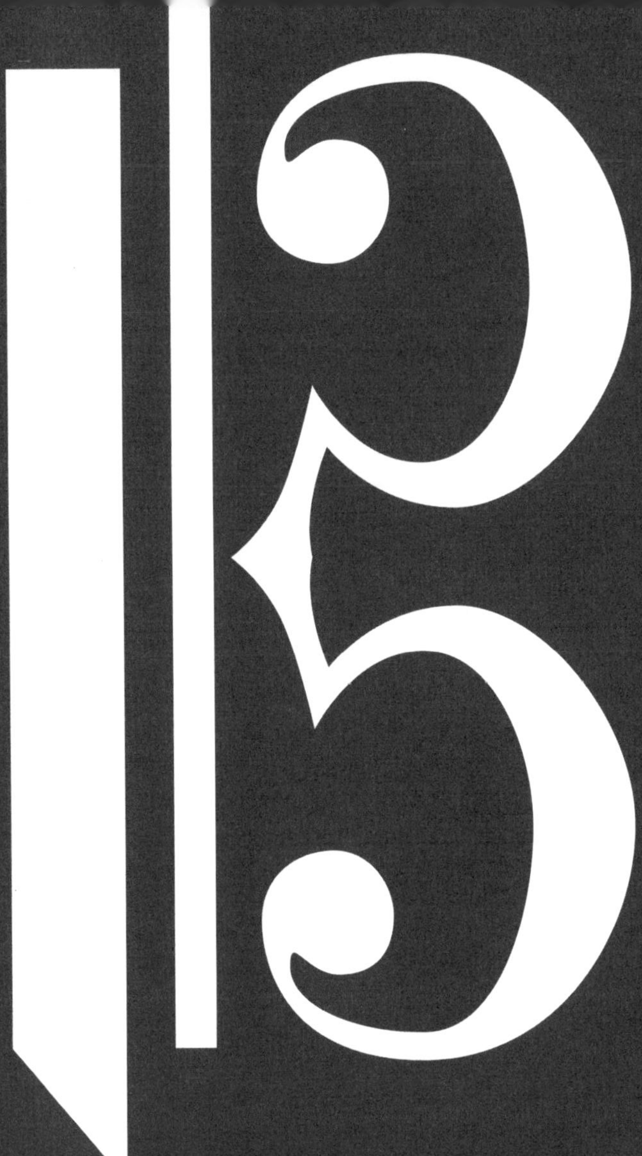

제2장

바로크

05
바로크
음악

𝄢

바로크 음악은 1600년경에 시작되어 1750년까지 지속되는데, 마지막 연도가 1750년인 것은 바흐가 죽은 해이기 때문이다.

그렇다. 바로크 음악의 시대는 바흐의 죽음과 함께 막을 내렸다. 물론 아득히 세월이 흐른 뒤에야 그런 말을 하게 된 것이지, 바흐가 타계했을 때 '이것으로 바로크 음악의 시대는 끝났다'라고 생각하는 사람은 아무도 없었다. 그도 그럴 것이 당시 '바로크 음악'이라는 말조차도 없었다. 이 시대의 음악을 바로크 음악이라 지칭한 건 20세기부터다.

바로크 음악은 이탈리아 피렌체에서 탄생했는데, 1600년을 바로크 음악이 시작된 해로 보는 견해가 일반적이다.

1600년부터라고 하는 건 단순한 시대 구분이 아니다. 악보가 현존하는 가장 오래된 작품이 1600년에 상연된 오페라 〈에우리디체〉라서 그해를 바로크 원년으로 삼은 것이다.

음악사는 역사의 일부인지라 아무래도 문헌 위주로 기술되게 마련이다. 물적 증거로서 문서가 존재하지 않으면 세상에 있었음을 증명하지 못한다. 그러니 학문적으로도 존재하지 않았다고 보는 것이다. 상식적으로 볼 때, 〈에우리디체〉라는 작품이 있다면 그에 선행하는 작품도 있었을 것이다. 하지만 물적 증거가 없는 이상 '있다'라고 쓸 수 없으니, 여기서는 논외로 치자.

　본래 바로크는 미술 용어다. 포르투갈어로 '비뚤어진 진주'라는 뜻인데, 이는 누가 봐도 칭찬이 아니다. 오히려 부정적인 뉘앙스에 가깝다. 19세기 이탈리아에서 '17세기에 유행했던 미술 양식'을 지칭하는 것으로, 바로크라는 말을 쓰기 시작하면서 그 시대를 '바로크 시대'라고 불렀다. 그로 말미암아 바로크 시대의 음악을 덩달아 바로크 음악이라고 부른 것이다. 바로크 회화는 균형과 조화를 추구하는 르네상스 시대의 회화에서 벗어나 대체로 어둡고 그로테스크한 반면, 바로크 음악은 대단히 밝고 화려하다.

06
오페라

𝄢

르네상스는 고대 그리스·로마 문화의 부흥기였다. 고대 그리스 문화 중 하나인 그리스 비극은 그리스 신화와 더불어 세계문학사상 가장 초창기 예술로 자리매김하고 있다. 당연히 르네상스 시대 사람들은 그리스 비극을 현대식으로(당시의 시각에서) 부활시키고자 했다. 하지만 그 움직임은 무척 느렸고 그마저도 16세기가 끝나면서부터였다. 이것이 오페라로 발전했다.

오페라는 보통 '가극'으로 번역되지만, 이탈리아어로는 단순히 '작품'이라는 뜻이다. 그것이 시간이 흘러 특정 연극·음악의 장르가 됐다.

현존하는 가장 오래된 오페라는 1598년에 피렌체에서 상연된 〈다프네〉다. 제목에서 알 수 있듯 그리스 신화에 근거한 이야기인데, 오타비오 리누치니라는 대본가와 자코포 페리라는 작곡가가 완성했다. 하지만 악보가 일부에 불과해 정확히 어떤 작품이었는지는 알기 어렵다. 그래서 1600년에 상영된 〈에우리디체〉(자코포 페리와 줄리오 카치니 공동 작곡)가 악보가 온전히 남아 있는 가장 오래된 오페라로 기록된다. 하지만 작품성은 그리 높지 않아 역사적 가치만 있을 뿐 오늘날 상연되는 일은 없다.

그렇다면 지금도 무대에 오르는 가장 오래된 오페라는 무엇일까. 클라우디오 몬테베르디가 작곡하고 1607년 이탈리아 만도바에서 초연한 〈오르페오〉다.

오페라는 노래에 따라 극이 진행되는 형식을 띤 연극인데, 초기에는 노래라고 해도 대사에 리듬감이 적당히 붙은 형태가 고작이었다. 그러다 본격적인 노래를 부르고 반주하는 악기도 규모가 커지는데, 이후 악기 부분만 독립해서 따로 연주하기 시작했다. 이것이 교향곡의 시초다. 이처럼 오페라는 클래식 음악사에서 중요한 위치를 차지한다.

오페라 탄생 1600년 전후는 영국에서 셰익스피어가 활약하던 시기였다. 셰익스피어 작품은 전편이 하나의 거대한 시다. 무대에서 배우들은 마치 노래하듯 대사를 읊는다. 대본은 남아 있지만, 악보는 없다. 일본에서도 17세기 초에 일본의 전통 공연 예술인 가부키가 탄생했는데, 당시의 가부키는 여성으로만 구성된 무도극으로 남성이 모든 역할을 담당하는 오늘날 가부키와는 상당히 다르다. 가부키 작품으로 현재도 자주 상연되는 것이 겐로쿠 시대 이후 작품인데, 17세기 초에 상연된 작품은 대본을 포함해 아무 기록도 남아 있지 않다.

그렇게 생각하면 이탈리아 오페라가 당시 악보를 가진 음악극이었던 사실은 역사적으로도 독특한 특징이다. 그 덕분에 이탈리아 오페라는 가장 오래된 작품으로 역사에 기록된다. 음악적 연극은 세계 곳곳에 태고 무렵부터 존재했지만 말이다.

오페라와 함께 그 음악을 담당하는 오케스트라도 생겨났다. 오케스트라의 발전이 바로크 음악의 특징 중 하나인데, 독주 악기와 오케스트라가 합주하는 '협주곡(콘체르토)'이라는 형식도 이 무렵에 탄생했다.

오페라와 비슷한 것으로 오페레타가 있다. '가벼운 가극'으로 번역되기도 하지만, 최근에는 '오페레타'라고 지칭한다. 대중적인 오페라를 말하며 희극이 대부분이다. 19세기 후반부터 20세기 전반에 전성기를 누렸으며 오펜바흐의 〈천국과 지옥〉, 프란츠 레하르의 〈메리 위도우〉 등이 유명하다. 그러다 뮤지컬이 생기면서 오페라 팬들이 화려하고 볼거리 넘치는 뮤지컬에 열광하자 대중적 음악극이던 오페레타는 어정쩡한 장르로 전락하고 말았다.

역시 비슷한 장르가 오라토리오다. 굳이 번역하면 '성가극'인데, 독창·합창·오케스트라에 의해 연주되는 음악극의 일종이지만 무대 장치나 의상 그리고 연기도 없다. 오페라에서 연극적 요소를 제거했다고 보면 된다. 종교적인 이야기가 대부분이라 일본에서는 그리 친숙하지 않지만, 최근에는 상연 기회가 늘어났다. 헨델의 〈메시아〉, 하이든의 〈천지창조〉와 〈사계〉가 대표 레퍼토리다.

20세기에 들어서자 오라토리오는 기독교와 무관하게 만들어지기 시작했다. 주요 작품으로 스트라빈스키의 〈오이디푸스 왕〉, 오네게르의 〈화형대 위의 잔 다르크〉, 쇼스타코비치의 〈숲의 노래〉 등이 있다.

07
몬테베르디

𝄢

음악사 입문서를 사면 첫 페이지에 등장하는 작곡가는 누구일까? 아마 클라우디오 몬테베르디(Claudio Monteverdi, 1567-1643)일 가능성이 크다.

이탈리아 작곡가이자 최초의 오페라 작곡가인 몬테베르디는 르네상스 시대와 바로크 시대에 활약했다. 당시 본인에게는 그런 인식이 없었겠지만 말이다.

몬테베르디는 1567년 이탈리아 북부 지역인 크레모나에서 태어났다. 소년 성가대에 들어가 음악을 배웠고, 1583년에 만토바 공국의 궁정악장이 되었다. 이때부터 궁정에서 연주되는 모든 음악을 작곡하고 연주했으며 오페라도 만들었다.

몬테베르디는 오페라 18편을 작곡했다고 알려진다. 그중 하나가 1607년에 초연된 〈오르페오〉로, 만토바 축제 기간에 오페라를 상연하도록 지시받아 만든 작품이다. 그리스 신화에서 제목을 따온 5막의 오페라 〈오르페오〉는 작품성이 뛰어나 현재까지도 상연된다. 〈오르페오〉와 함께 이듬해 초연한 두 번째 오페라 〈아리안나〉도 오페라 역사에 빛나는 명작으로 평가받는다.

클라우디오 몬테베르디

몬테베르디는 당시 바이올린을 처음으로 합주에 도입해 오페라 음악을 개혁했다. 이는 감정의 기복을 음악으로 표현하는 실로 획기적인 사건이었다. 〈오르페오〉가 현재까지도 상연되어 현대 관객들이 감상하는 이유는 현재에 이르는 음악의 기본 스타일이 그로부터 확립되었기 때문이다. 멜로디를 담당하는 솔로 파트와 리듬과 하모니를 담당하는 반주 파트로 오케스트라 악기를 나눈 것도 몬테베르디였다.

1612년, 받들던 만토바 공작이 사망하자 궁정악장에서 물러나는 몬테베르디. 하지만 1년 뒤 베네치아 산 마르코 대성당의 악장으로 임명되어 새로운 전기를 맞이한다. 그곳에 있으면서 교회 음악이나 오페라, '마드리갈'이라 불리는 이탈리아 세속(세속이라 함은 교회와 상관없다는 뜻이다) 성악곡을 다수 작곡했다.

몬테베르디는 1643년, 76세 나이로 세상을 떠났는데 당시 기준으로는 장수한 것이었다.

〈오르페오〉 외에도 〈율리시스의 귀환〉과 〈포페아의 대관식〉 악보가 현존하는데, 이 작품들 또한 지금까지 무대에서 상연된다.

08
륄리

𝄢

이탈리아에서 태어난 오페라는 프랑스로 전해진다. 프랑스는 독자적인 오페라 양식을 확립하며 찬란히 발전해 나아가는데, 여기에 핵심적인 역할을 한 인물이 장 바티스트 륄리(Jean-Baptiste Lully, 1632-1687)다.

륄리는 이탈리아 피렌체에서 태어났다. 1646년부터 파리에서 살다가 1653년에 루이 14세의 궁정악단에 들어갔다. 그는 왕실의 환심을 사게 되어 프랑스 귀족사회의 거물로 거듭나는 야심가였다.

륄리는 오페라보다 발레 작곡가로 명성을 날렸는데, 그런 이유로 그가 확립한 프랑스 오페라에서는 각 막의 마지막에 발레 장면이 들어간다.

발레 또한 이탈리아에서 탄생하여 프랑스에 전해진 예술이다. 루이 14세는 자타공인 발레 애호가였기에 1670년경까지 프랑스 궁정에서는 발레가 성행했다. 륄리는 발레 음악을 만드는 데 그치지 않

장 바티스트 륄리

고 직접 발레극에 출연하기도 했다.

륄리는 프랑스의 유명한 극작가 몰리에르와 친분을 쌓았는데, 두 사람이 의기투합해 만든 것이 '코미디 발레(희극 발레)'라는 장르다. 1664년 초연한 〈강제 결혼〉, 1670년 초연한 〈서민 귀족〉 등이 있으며 륄리와 몰리에르가 직접 출연했다.

오페라는 음악과 말이 일체화된 예술이다. 이탈리아어와 프랑스어는 보통 동양인에게는 구별되지 않지만 알고 보면 전혀 다른 언어다. 당연한 얘기지만 이탈리아 음악은 이탈리아어에 적합하다. 이탈리아 음악을 프랑스로 가져가서 가사만 프랑스어로 바꾼다면 어딘가 어색하게 마련이다. 맞지 않는 옷처럼 말이다. 륄리는 프랑스어가 이탈리아 스타일의 오페라에 맞지 않는다고 생각했고, 프랑스만의 독자적인 음악이 필요하다고 주장했다. 그렇게 프랑스 고유의 음악 양식을 확립한 륄리는 프랑스 음악계를 접수하며 성공 가도를 달렸다.

륄리는 양성애 기질을 가진 난봉꾼으로 유명해서 그에 관한 이야기에는 갖가지 추문이 빠지지 않는다. 성격도 괴팍해서 늘 독단적으로 일을 처리했기에 주변에 적도 많았다. 하지만 왕립 음악 아카데미(현 파리 오페라 발레단) 실권을 장악하는 등 평생 왕의 두터운 신뢰 속에서 프랑스를 대표하는 음악가로 승승장구했다.

09
비발디

𝄢

안토니오 비발디(Antonio Vivaldi, 1673-1741)라는 이름은 몰라도 대표작 〈사계〉는 어디선가 들은 기억이 있으리라. 이 곡은 오케스트라와 바이올린 솔로가 앙상블을 이루는 바이올린 협주곡이다. 비발디가 활동하던 바로크 시대에는 바이올린 협주곡이 크게 성행했는데, 이 양식은 비발디보다 25년 연장자인 아르칸젤로 코렐리가 확립했다. 비발디는 그의 영향을 받은 셈이다.

작곡가이자 연주자로 유명한 비발디지만, 사실 그의 본업은 가톨릭 사제였다. 이탈리아 베네치아에서 태어난 그는 이발사이자 바이올리니스트인 아버지에게 바이올린을 배웠다. 10세 때 교회 부속 학교에 입학해 25세 때 사제로 임명되었는데, 머리 색 때문에 '빨간 머리 신부'라고 불렸다. 그는 사제로 임명된 해부터 피에타 자선원 부속 음악원에서 음악을 지도했고 틈틈이 유럽으로 연주 여행을 다녔다. 그러던 중 빈에서 내장질환을 앓아 63세 때 세상을 떠났다.

비발디는 500곡 이상의 협주곡을 작곡했는데, 그중 하나가 너무도 유명한 〈사계〉다. 오페라도 많이 썼는데, 현재 확인되는 오페라 작품만 52편에 달한다. 다작임에도 대다수 곡이 잊혔다가 20세기에 재평가되었다.

안토니오 비발디

비발디는 음악사에서 독주 협주곡(한 명의 기악 연주자와 오케스트라가 연주하는 곡)을 확립한 인물로 평가된다. 바로크 음악의 특징은 한마디로 불균형과 비(非)조화다. 그런데 협주곡은 '경주곡'이라는 별명이 붙을 만큼 독주자와 오케스트라가 경쟁하는 음악이다. 음악 간 대립에 담긴 불균형과 비조화라니! 이쯤 되면 협주곡이야말로 바로크 정신 그 자체인 장르가 아닐까. 그렇다고 중구난방으로 파편화된 음악으로 오해하진 말기 바란다. 어디까지나 큰 틀에서는 음악적 조화를 이루고 있으니까.

비발디가 일하던 피에타 자선원은 무의탁 아이들을 키우는 고아원이었다. 남자아이는 목공 혹은 석공 기술을 교육받아 사회로 나갔고, 여자아이는 결혼하지 않는 한 자선원에서 평생을 보냈다. 이후 부속 음악원이 설립되면서 여자아이 중 음악에 소질이 있는 아이에게 철저한 음악교육을 시키기 시작했다. 이들은 '음악원의 합주 및 합창의 딸들'이라는 이름으로 연주 활동을 했다. 딸이라고 해서 소녀들만 있었던 건 아니고 성인 여성도 있었다. 이들의 연주회는 어디에서나 인기를 끌었는데, 흥행수입은 피에타 자선원의 중요한 수입원이었다.

비발디가 피에타 자선원 부속 음악원을 지도하면서 음악 수준은 눈에 띄게 높아졌고 덩달아 연주회의 인기도 치솟았다. 심지어 귀족 딸들이 비발디에게 음악을 배우고 싶어 음악원에 입학할 정도였다. 귀족들은 딸을 위해 거액의 기부금을 내놓았기에 피에타 자선원 입장에서도 거부할 이유가 없었다. 참고로 비발디의 500여 작품 대부분은 피에타 자선원 음악원의 연주회를 위해 만들어졌다. 당시에는 연주회에서 신곡만을 발표했기에 다작한 것이다.

〈사계〉

〈사계〉는 비발디뿐만 아니라 바로크 음악의 대표곡일 만큼 유명한 작품이다. 1720년경에 작곡된 바이올린 협주곡으로 소편성 오케스트라의 콘서트마스터(제1 바이올린의 수석 연주자로, 오케스트라 연주자를 대표하는 역할을 한다)가 지휘까지 겸해서 연주하는 경우가 많다. 본래는 〈화성과 창의의 시도〉 12곡 중 4곡인 '봄', '여름', '가을', '겨울'을 따로 묶어 〈사계〉라고 부른다. 4곡 모두 3악장으로 구성된다.

이 곡의 제목만 보면 춘하추동을 묘사한 음악 작품으로 생각하기 쉽지만 그렇지는 않다. 계절별로 작자 미상의 소네트(4행시로 구성된 정형시)가 첨부되어 있는데, 이 소네트를 음악으로 만든 것이다. 덧붙이자면 시에 음악을 붙였다고 해서 시를 가사 삼아 노래로 부르는 음악은 아니다. 이렇게 표제가 달린 음악을 '표제 음악'이라고 하는데, 뒤에서 자세히 설명할 것이다.

문학 작품을 음악으로 만드는 표제 음악은 19세기 중반 낭만파 음악이 도래하면서 본격화되었다. 비발디는 100년 이상 시대를 앞서간 셈이다. 반대로 해석하면 비발디가 먼저 시도했음에도 100년 동안 대다수 음악가가 이를 계승하지 않았다는 얘기도 된다. 어쩌면 누군가는 만들었으나 별다른 호평 없이 역사 속으로 사라졌을지도 모른다.

〈사계〉는 요즘 대중에게 친숙한 곡이지만 본래는 비발디가 1741년에 죽은 이후로 음악사에서 잊힌 곡이었다. 그렇게 250여 년간 잠들어 있다가 20세기 후반에 이르러서야 다시 연주되기 시작했다. 참고로 비발디의 작품이 잊힌 건 음악계가 그를 제대로 평가하지 않아서가 아니다. 바로크 시대에는 작곡가 본인을 포함해 누구도 후세에 작품을 남기겠다는 인식이 없었다. 작품은 일회성으로 소비될 뿐 작곡가의 죽음과 함께 사라지는 게 당연했다. 이런 점에서 보면 250년 이후에 악보가 발견된 〈사계〉는 운이 좋았다고 할 수 있다. 아마도 우리가 모르는 수많은 명곡이 역사 속에 묻혔으리라.

일본은 비발디의 〈사계〉를 즐겨 듣는 나라다. 이탈리아의 이무지치(I Musici) 합주단이 연주한 〈사계〉 레코드는 LP 시대부터 일본에서 베스트셀러로 등극해 반세기 동안 무려 280만 장이나 판매하는 기염을 토했다(다른 녹음 버전의 누적 합계). 이무지치는 멤버를 교체하면서 매년 일본을 찾는데, 공연 프로그램에는 반드시 〈사계〉가 포함된다. 물론 〈사계〉 레코드는 이무지치를 제외한 다른 악단 버전까지 합치면 수백만 장은 족히 팔렸으리라.

일본인은 왜 유독 〈사계〉를 좋아할까. 누군가는 일본에 사계절이 있어서라는 이유를 대기도 한다. 그럴싸하나 확증은 없다. 음악을 들으면 알겠지만, 이탈리아의 사계절은 일본과는 상당히 다르다. 봄은 비슷하지만, 여름은 일본만큼 무덥지 않다. 일본에 비하면 시원하게 느껴질 정도다.

11
스트라디바리우스

𝄢

최고가 악기로 명성이 자자한 스트라디바리우스는 17세기 후반부터 18세기까지 이탈리아 현악기 제작사인 스트라디바리 가문이 만든 바이올린이다. 현존하는 바이올린은 약 600대로, 한 대에 수천만 엔에서 수억 엔을 호가한다. 그중에는 25억 엔짜리도 있는데, 옥스퍼드대학교 애슈몰린 박물관이 소장 중이다. 지금까지 한 번도 연주된 적 없는 신품이라 엄청난 액수가 붙었다. 천상의 소리를 낸다고 소문나서 비싼 게 아니라는 말이다. 알고 보면 코미디 같은 얘기다.

세계적인 바이올리니스트는 출연료가 비싸서 돈을 잘 벌지만, 그렇다고 수천만 엔이나 호가하는 바이올린을 쉽게 살 사람은 많지 않다. 그래서 재단이나 은행이 값비싼 스트라디바리우스를 구입해 일류 바이올리니스트에게 대여하는 시스템이 생겨났다.

하지만 세상에는 바이올린을 연주하지 않으면서 값비싼 바이올린을 구입하는 사람도 존재하게 마련이다. 자칭 수집가라는 사람들은 고가의 바이올린을 잔뜩 모아 비밀 창고에 전시해놓고 혼자 그 악기들을 바라보며 즐긴다. 이들에게 팔린 악기는 아무리 명기라도 음을 내지 않은 채 수십 년을 잠들어 있는 셈이다.

스트라디바리우스

비싼 악기라고 모두가 좋은 소리를 내는 건 아니다. 스트라디바리우스는 연주하기가 까다롭기로 유명해서 탁월한 연주가가 아니면 다루기 쉽지 않다. 혹자는 시중의 바이올린보다 백배 천배 비싸도 소리에 큰 차이가 없다고 한다. 소위 명품 악기들의 가격 거품이 과하다는 얘기다.

신기한 사실은 따로 있다. 현대의 어느 현악기 제작자도 스트라디바리우스 이상의 바이올린을 만들지 못한다는 것이다. 악기의 제작 기술이 예전에 비해 눈부시게 발전했다는 사실을 생각하면 이상한 얘기다.

왜 누구도 스트라디바리우스의 음색을 넘어서지 못할까. 일반적으로 바이올린 본체 바깥쪽에는 전면에 니스가 칠해져 있다. 목질을 보호하고 외관을 보기 좋게 만들기 위함인데, 니스 성분에 따라 소리도 크게 영향을 받는다. 스트라디바리우스만의 독보적 음색의 비밀은 니스의 조합법에 있다. 이 조합을 알면 비슷한 소리를 내는 바이올린을 만들겠지만, 아쉽게도 비법이 전해 내려오지 않아 불가능

에드가 번디 〈작업 중인 안토니오 스트라디바리〉, 1893

하다.

스트라디바리우스가 만들어진 지 200년이 훌쩍 넘었다. 누군가는 목재의 경년 변화(오랜 시간 동안 천천히 변화하는 것)가 가져온 음향 변화로 그런 음색을 낸다고 주장한다. 누군가는 좋은 악기라고 생각하면서 들으니까 좋은 음색으로 느껴지는 것이라고 우스갯소리처럼 말하기도 한다.

12
최초의 오페라하우스와
최초의 콘서트

유명 오페라나 오케스트라 공연을 보기 위한 비용은 꽤 비싸다. 일반인이 부담 없이 갈 만한 수준은 아니다.

하지만 누구나 콘서트에서 음악을 듣고 오페라를 볼 수는 있다. 돈만 낸다면 말이다. 이런 일은 과거에 상상도 못 할 일이었다. 오페라나 음악회는 돈이 있어도 왕후 귀족이 아니면 볼 수 없었다. 음악회와 오페라 공연은 왕후 귀족의 궁정이나 대부호의 저택에서 열렸는데, 그들의 초청을 받지 못하면 입장 자체가 불가능했기 때문이다.

입장료만 내면 누구나 볼 수 있는 현재의 오페라하우스는 언제부터 생겼을까. 1호는 이탈리아 베네치아에 위치한 산 카시아노 극장으로, 1637년에 문을 열었다. 이후 베네치아에는 17세기 말까지 크고 작은 극장이 생겨나는데, 그 수가 10여 개에 이르렀다. 이 시대의 극장은 지금과 달리 1층에는 의자가 없어 서서 봐야 했는데, 1층 무대에서 가장 가까운 자리가 제일 저렴했다. 반면 귀족이나 부호는

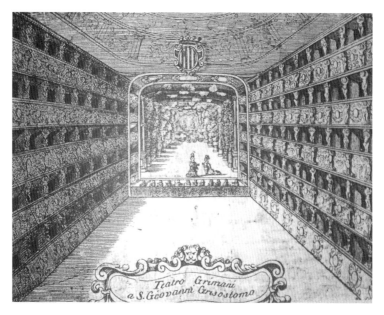

초기 오페라하우스, 베네치아의 그리마니 극장(17세기)

무대를 빙 둘러싼 2층 이상의 박스석에서 공연을 관람했다.

　역사상 최초의 유료 공개 콘서트는 런던에서 1672년에 열린 바이올리니스트 존 바니스터의 공연으로 기록상 확인되고 있다.

　이후 런던에서는 공개 콘서트가 성행하기 시작했다. 오늘날 런던에 수많은 오케스트라가 활동하는 이유는 이러한 과거 문화의 유산 때문이 아닐까 싶다.

　그런데 역사에 남을 작곡가 중 영국 출신은 손에 꼽을 정도다. 영국에서 음악 연주회가 어느 나라보다 활발했음을 고려하면 의아한 일이다.

일본에 클래식 음악, 즉 서양 음악이 들어온 것은 메이지 유신 이후다. 메이지 23년(1890)에 우에노에 설립된 주악당(奏樂堂)은 일본 최초의 서양식 콘서트홀이다. 현 도쿄예술대학 음악학부의 전신인 도쿄음악학교의 내부 시설로 지어졌으며, 지금은 다른 곳으로 옮겼지만 여전히 콘서트홀로 이용 중이다.

일본에는 도쿠가와 시대(1603-1867)부터 가부키를 상연하는 전통식 극장이 있었다. 메이지 11년(1878)에 최초의 서양식 극장인 신토미자(新富座)가 도쿄 신토미초에 세워지는데, 이곳은 가부키 전용 극장이었다. 메이지 22년(1889)에는 또 다른 가부키 전용 극장인 가부키자(歌舞伎座)가 긴자에 생겼다.

오페라를 상연하는 최초의 극장은 메이지 44년(1911)에 설립된 제국 극장이다. 르네상스 양식의 건물로 지어졌으며, 가부키 공연을 포함해 오페라와 발레가 무대에 올랐다. 1966년에는 가부키, 전통무용 등 일본의 전통예술 전용 공연장인 국립극장이 세워졌으며, 헤이세이 이후인 1997년에야 비로소 오페라와 발레 전용 공연장인 신국립극장이 세워졌다. 도쿄 하쓰다이역에 설립된 신국립극장은 일본을 대표하는 오페라하우스로, 그전까지는 도쿄 문화 회관이나 NHK홀 등에서 오페라를 상연했다.

13

파헬벨 〈카논〉과
알비노니의 〈아다지오〉

𝄢

　바로크 음악의 인기곡 중 유명한 작품이 요한 파헬벨(Johann Pac
helbel, 1653-1706)의 〈카논〉과 토마소 알비노니(Tomaso Giovanni
Albinoni, 1671-1751)의 〈아다지오〉다. 아마 콘서트보다 결혼식, 장례
식, 졸업식 등 행사 때 배경음악으로 들을 기회가 많았을 터다. 특히
파헬벨의 〈카논〉은 졸업식에서 졸업생들이 입장할 때나 결혼식 피
로연에서 신랑 신부가 입장할 때 흘러나오는 곡으로 유명하다. 화려
하지만 애수를 띠며 장엄한 멜로디가 감성을 자극하기에 추모하거
나 축하하는 행사에 모두 어울리는 곡이다.

　파헬벨은 독일 뉘른베르크에서 와인상을 하는 중산층 가정에서
태어났다. 소년 시절에는 교회 음악가에게 음악교육을 받았다. 대학
에 입학했지만 경제 사정으로 그만두고 교회 오르가니스트가 됐다.
빈의 성 슈테판 대성당 오르간 연주자로 음악생활을 시작했다. 아이
제나흐 궁정의 오르간 연주자로 일하던 시절에 바흐 아버지와 친분

을 맺고 음악가 가문으로 유명한 바흐 집안과 친해졌다. 바흐는 파헬벨에게 음악적으로 영향을 받았다고 알려진다.

파헬벨의 가장 유명한 작품인 〈카논〉의 정확한 이름은 〈세 대의 바이올린과 지속저음을 위한 카논과 지그 라장조〉다. 카논은 같은 선율을 쫓아가는 형식의 음악으로, 흔히 '돌림노래'로 번역된다. 지그는 '기그'라고도 하며 영국이나 아일랜드의 춤곡을 말한다. 바로크 시대 모음곡의 마지막 곡(피날레)에 구성되는 경우가 많고 빠른 템포로 연주된다.

파헬벨의 〈카논〉은 1680년경, 27세 나이에 완성한 작품이다. 그는 평생 200여 곡을 썼다고 알려지지만, 이 작품만 유일하게 지금까지 연주되고 있다. 대다수 작품이 잊혔으나 당시엔 걸출한 대가였으며 바흐 외에 독일과 이탈리아 음악가들에게 영향을 끼쳤다.

알비노니의 〈아다지오〉는 그의 작품으로 알려졌으나 위작 논란이 있다.

베네치아 귀족으로 태어난 알비노니는 바이올린 실력을 인정받아 만토바 공국의 궁정 바이올리니스트를 지냈다. 이후에는 이탈리아 각 도시의 오페라극장에서 작곡가로 활약하며 50편 이상의 오페라를 썼는데 현존하는 악보는 거의 없다.

18세기 전반 이탈리아에서 상당한 인기를 구가한 알비노니. 하지만 그의 후반 인생사는 불분명하다. 살아생전 바흐는 알비노니 작품에 관심이 많았다고 하니, 알비노니는 이탈리아 바로크와 바흐를 이어주는 연결고리 역할을 했다고 볼 수 있다.

〈아다지오〉는 1958년 알비노니 연구가로 알려진 이탈리아 음악학자 레모 지아조토가 드레스덴의 도서관에서 일부 악보를 발견해 그것을 복원한 뒤 출간했다고 알려진다. 원곡은 〈소나타 사단조〉이다.

그런데 어딘가 이상하다. 베네치아 음악가의 악보가 독일 드레스덴에 보관되어 있었고, 제2차 세계대전으로 대공습을 받아 폐허가 된 드레스덴 도서관의 잔해 속에서 악보가 발견되었다? 우연이라기에는 참 기이하지 않은가. 어쨌든 이 곡은 드라마틱한 사연 덕분인지 금세 유명세를 치렀고, 20세기 최고의 지휘자로 추앙받은 카라얀도 이 곡을 녹음했다. 그러나 이후 연구로 알려진 바에 따르면, 알비노니가 쓴 원곡은 애당초 존재하지도 않았으며 처음부터 지아조토의 창작이었다고 한다.

실제 곡을 들어보면, 이탈리아 바로크 음악다운 느낌이 물씬 풍기면서도 현대적인 감각이 가미되어 있다. 그 당시에 인기를 끌 만도 하다. 이 곡을 만든 지아조토라는 학자는 정말이지 상당한 재능을 갖췄다. 게다가 편곡자로서 판권도 갖고 있었다 하니, 비즈니스 감각도 탁월하다. 단 한 가지, 학자적 양심만 빼고 말이다.

14
텔레만

𝄢

이탈리아에서 탄생한 바로크 음악은 머지않아 독일에도 전해진
다. 독일(오늘날 독일뿐 아니라 오스트리아 등을 포함한 독일어권 국가들)
은 고전파 시대를 구축해 서양 음악의 본거지로 거듭나고 바흐·하
이든·모차르트·베토벤이라는 위대한 거장들이 잇달아 활약하면
서 명실상부 클래식의 중심지로 등극한다. 게오르크 필리프 텔레만
(Georg Philipp Telemann, 1681-1767)은 그 독일 음악의 선구자로 손
꼽히는 인물이다.

텔레만은 생전에 독일에서 바흐보다 더 인기가 많았다. 지금은
거의 잊힌 존재지만 말이다. 12세 때 처음으로 오페라를 작곡하는
등 신동 소리를 들으며 음악을 한 그는 천재 소년 시절을 거쳐 거장
으로 거듭나는 엘리트 음악가의 전형적 코스를 밟았다.

텔레만은 여러 악기 연주에 능했다. 대학 시절 악단을 결성했고,
이후 오페라극장 감독에 취임하는 등 순풍에 돛단 듯 순조로운 인생

게오르크 필리프 텔레만

을 이어갔다. 아이제나흐 궁정악장, 프랑크푸르트 암마인 교회악장 등을 거쳐 1721년 40세 때 함부르크로 이주해 이 도시의 음악감독이 되었다. 당시는 악보 출판이 비즈니스로 이뤄지던 시대였다. 텔레만은 부유층을 대상으로 자신이 작곡한 곡 악보를 예약 판매하는 등 탁월한 사업적 수완을 발휘했다.

그렇다고 명예와 돈벌이에만 혈안이 되었던 건 아니고 작곡 활동도 열심히 했다. 그가 남긴 작품의 수는 실로 방대하다. 현재 확인된 작품만 3,600곡 이상으로 알려져 있으며, 분실된 악보를 포함하면 4,000-6,000여 곡으로 추정된다. 작품 수가 많기로 소문난 바흐조차 1,100곡 정도이니, 그 네 배가 되는 엄청난 수준이다. 장르도 다양해서 오페라가 40편, 실내악이 200곡, 협주곡이 170곡, 관현악곡이 700곡 내외, 수난곡이 46곡, 칸타타가 1,700곡 이상이다.

그러나 사후 명성이나 후세에 끼친 영향은 동시대 작곡가인 바흐나 헨델에 미치지 못한다. 이렇다 할 명곡이 없어 방대한 곡을 만들었음에도 오늘날 연주되는 곡은 거의 없다.

음악사에는 이런 인물도 있는 법이다. 세상을 떠난 뒤에는 생전에 누린 명성이 무색하게 역사의 뒤안길로 쓸쓸히 사라지는 사람들 말이다.

15

헨델

게오르크 프리드리히 헨델(Georg Friedrich Händel, 1685-1759)은 독일 작곡가로 알려진 만큼 독일식 명칭인 '헨델'로 불리지만, 혹자는 영국인으로 귀화했기에 '한들'이나 '한델'처럼 영국식으로 불러야 한다고 말하기도 한다. 이 책에서는 흔히 부르는 일반적 호칭인 헨델로 적는다.

헨델의 첫 번째 성공작은 1704년 함부르크에서 작곡한 오페라 〈알미라〉다. 이 성공을 발판으로 1706년에 이탈리아로 건너가 3년간 오페라 2편과 칸타타 100여 곡을 작곡했다. 그는 이 시기에 이탈리아 오페라 양식을 배웠다.

로마에서 오르가니스트로 성공했으며 1708년 오라토리오 〈부활〉을 초연하면서 다시금 대성공을 거두었다.

그렇게 헨델은 이탈리아에서 부와 명예라는 두 마리 토끼를 모두 잡았다. 베네치아에 머무를 당시 독일 하노버 선제후의 조카와 친해

게오르크 프리드리히 헨델

지면서 궁정악단의 악장 자리를 권유받아 1710년에 독일로 돌아가지만, 곧바로 1년 휴가를 내고 런던으로 떠나버렸다. 그곳에서 오페라 〈리날도〉를 완성하고 1711년 무대에 올려 공전의 히트를 기록했다.

당시 런던은 하노버와는 비교할 수 없는 대도시였다. 오페라 상연이 불가능한 하노버와 달리 런던에서는 오페라 상연이 가능했고 공개 콘서트도 성행했다. 무엇보다 음악 산업이 발달해 작곡가와 연주자에 대한 보수가 높았다.

런던에서 큰 성공을 거둔 헨델은 1년이 지난 후에도 귀국하지 않고 영국에 눌러앉았다. 훗날 그는 1727년에 아예 영국인으로 귀화해버렸다. 그사이 1714년에 영국의 앤 여왕이 사망하자 하노버 공국의 선제후 게오르크가 영국 국왕(조지 1세)으로 즉위하게 되었다. 운명의 장난인지 헨델의 옛 고용주를 런던에서 재회하게 된 것이다.

조지 1세는 헨델이 약속을 지키지 않고 영국으로 가버려 내심 괘씸하게 생각하던 터였다. 난감해진 헨델은 국왕의 마음을 달래기 위해 고심하다 그가 수상 음악회를 즐긴다는 사실을 알게 되었다. 그는 〈수상의 음악〉을 작곡해 자비로 빌린 배에 직접 고용한 악사들을 태운 다음 국왕이 뱃놀이를 나온 강에서 연주시켰다. 이 음악을 무척 마음에 들어 한 국왕은 결국 헨델을 용서하고 지금까지 받았던 연봉의 배 이상을 약속했다는 이야기는 유명한 일화다. 하지만 최근 이 에피소드는 신빙성을 의심받고 있다.

헨델은 독일인으로 태어났지만, 영국 음악가로 활동했다. 오페라가 흥행에 실패하면서 시련기를 겪는 등 우여곡절이 있었으나 1759년 세상을 떠날 때 군중 3,000여 명이 운집한 가운데 영국의 왕과 유명인사들만 묻힌다는 웨스트민스터 교회에 안장되었다.

헨델은 평생 독신으로 살았다. 이유는 전해지지 않는다. 바흐와는 동갑내기였지만 활약한 지역이 달라 서로 만난 적은 없다. 그런데 기묘한 인연이 있다. 둘 다 말년에 백내장을 앓다가 존 테일러라는 의사에게 수술받았지만, 모두 실패로 돌아갔다. 바로크 시대를 찬란히 빛낸 음악 거장 두 명이 돌팔이 의사 하나 때문에 실명하는 어이없는 일이 벌어진 것이다.

일본에서 헨델의 지명도는 동시대 인물 바흐에 비해 상당히 낮다. 최근에 이르러 바로크 오페라가 다시 주목받으면서 헨델의 오페라가 상연되는 일이 늘어나는 추세다.

16
바흐

𝄢

요한 제바스티안 바흐(Johann Sebastian Bach, 1685-1750)는 '음악의 아버지'로 불린다. 일본에서 그렇게 지은 게 아니라 독일을 비롯한 서양 음악계에서 그렇게 부른다. '○○의 아버지'라는 표현은 지극히 유럽적 발상이다. 일본이었다면 데즈카 오사무가 '만화의 신', 마쓰시타 고노스케가 '경영의 신'으로 불리듯 바흐를 '음악의 신'으로 불렀으리라. 그러나 유일신을 믿는 기독교 국가에서는 아무리 훌륭한 인간이라도 결코 신이라는 칭호를 쓰지 않는다.

그래서 나온 말이 '음악의 아버지'가 아니었을까. 일본에서는 바흐와 동시대를 산 헨델을 '음악의 어머니'라고 부른 적이 있는데, 현재는 누구도 그렇게 부르지 않는다. 남자인데 어머니라는 표현이 아무래도 어색했던 탓이다. 그리하여 음악에 어머니 없이 아버지만 남게 되었다.

바흐는 1685년에 명문 음악가 집안에서 태어났다. 아버지는 물론 친척 모두가 음악가였다. 당시 음악가는 예술가보다 장인에 가까웠고 가업을 잇는 직업으로 인식되었다.

요한 제바스티안 바흐

바흐는 음악가로 여러 차례 직장을 옮겼다. 바이마르 궁정악단의 바이올리니스트, 아른슈타트의 교회 오르가니스트, 뮐하우젠의 성 블라지우스 교회 오르가니스트, 바이마르 궁정의 오르가니스트, 바이마르 궁정악단의 악장(콘서트마스터), 쾨텐 궁정악장, 라이프치히 성 토마스 교회의 칸토르(음악감독), 작센 궁정의 작곡가 등등 숱하게 이직을 반복했다.

바로크 시대의 절정기에 태어나 후반기까지 활약한 바흐. 그가 정말로 음악의 아버지라면 그 이전에 음악은 존재하지 않았으리라. 하지만 음악은 분명 존재했다. 바흐는 지금까지 서양 음악을 집대성했다는 점에서 위대한 것이지, 무에서 유를 창조한 건 아니다.

독일만으로 한정해보자면, 바흐 이전에 위대한 작곡가는 없었다. 바로크 음악은 이탈리아에서 화려하게 꽃을 피우고 프랑스로 전해졌다. 르네상스와 바로크 시대를 통틀어 음악의 본고장은 단연 이탈리아였다. 당시 독일은 음악 영역에서 비주류 국가였다.

독일인 음악가가 클래식의 주류로 등장하는 건 베토벤 때다. 그가 세상을 떠난 뒤 낭만파 시대의 서막이 열리는 동시에 독일 음악은 찬란한 전성기를 맞이했다. 음악계의 중심지가 독일로 바뀌면서 독일 중심의 음악사가 주목받다 보니 독일 음악의 시초인 바흐가 재발견된 것이다.

그러니까 바흐는 독일 음악의 시초일 뿐인데 독일이 클래식 음악의 수도로 부상하다 보니 마치 세계 음악의 시초인 듯 평가되며 음악의 아버지라는 칭호까지 생겼다는 얘기다.

바흐는 생물학적인 아버지로서도 상당한 능력을 발휘했다. 첫 부인과 사별한 뒤 두 번째 부인과 재혼하는데, 두 부인 사이에 모두 20명의 자녀가 있었다. 당시는 다산다사(多産多死)인지라 성인까지 자란 자식은 아들이 6명, 딸이 4명이었다. 그중 아들 넷이 유명한 작곡가로 성장했다. 막내아들 요한 크리스티안 바흐는 모차르트가 소년 시절에 음악을 가르친 스승이기도 하다. 그런 의미에서 보자면 모차르트는 바흐의 손제자인 셈이다.

이렇게 음악사에 바흐라는 이름을 가진 음악가가 많아서 전문 음악서에는 '요한 제바스티안 바흐' 혹은 'J. S. 바흐'라고 적는 게 일반적이다. 예전에는 '큰 바흐'라고도 불렀다.

바흐 집안은 대대로 음악가만 있었다. 아버지도, 큰아버지도, 작은아버지도, 형제도, 일가친척도 모두 음악가였다. 바흐 자신이 집필한 연대기에 따르면, 바흐 가문의 음악가는 53명이나 되고 그는 그중 24번째 음악가였으며 막내아들 요한 크리스티안 바흐는 50번째였다고 한다.

17
교향곡

𝄢

교향곡은 자주 듣지만 오페라는 잘 보지 않는다는 클래식 팬이 많다. 오페라는 자주 보지만 오케스트라나 피아노 콘서트는 잘 보지 않는다는 오페라 팬도 많다. 하지만 둘은 원래 같은 뿌리다.

20세기 후반을 대표하는 위대한 지휘자 카라얀은 '오페라와 교향곡은 자동차의 두 바퀴 같아서 양쪽을 지휘하면 둘을 더 깊이 이해할 수 있다'라는 취지로 말한 적이 있다. 카라얀뿐만 아니라 세계적인 지휘자 대부분이 교향곡과 오페라 지휘에 능하다.

흔히 클래식 콘서트라고 하면 오케스트라의 교향곡 연주를 뜻한다. 그런데 이 교향곡은 오페라에서 태어난 장르다. 교향곡은 원칙적으로 악장 4개로 구성되며 오케스트라로 연주된다. 베토벤 교향곡 제9번처럼 합창이 더해지는 곡도 있지만, 이는 지극히 예외다. 악기로만 연주된다는 건 다시 말해 가사가 없다는 얘기다. 가사가 없는 교향곡과 대사가 큰 비중을 차지하는 오페라, 일견 오케스트라가 연주한다는 점 빼고는 공통점이 적은 듯하다. 그러나 바로 여기에 같은 뿌리가 있다.

교향곡이라는 장르는 하이든이 확립했다. 이는 18세기 후반의 일로, 오페라에 비해 1세기 반이나 뒤처지는 시기다.

본래 오페라에는 서곡이라는 게 있었다. 실제 극이 시작되기 전, 몇 분에서 10여 분에 걸쳐 연주되는 짤막한 곡이다. 이는 지각하는 관객들을 기다리는 동안 이미 앉아 있는 관객들이 지루해하지 않도록 연주하는 음악이었다. 오늘날 영화나 드라마에서 첫머리에 음악이 흘러나오는 건 오페라 서곡이 남긴 자취인 셈이다.

서곡은 오케스트라만으로 연주된다. 그러다 극이 시작되면 무대 위 가수가 주연이 되고 오케스트라는 반주를 하는 조연으로 바뀐다. 하지만 서곡만큼은 무대에 아무도 없으므로 오케스트라가 주인공이다.

그러다 서곡이 오페라에서 독립해 나왔다. 1730년경, 이탈리아에서는 오케스트라만을 위한 독자 연주회가 생겨나기 시작했다. 여기서 연주하는 곡을 '심포니아'라고 불렀는데, 이것이 교향곡의 원조다. 이탈리아에서 생겨난 심포니아는 3악장 형식이 기본이었다. 그러다 독일에서 하나가 늘어나 4악장으로 정착됐다.

역사적으로 보면 교향곡보다 먼저 태어난 게 콘체르토다. 현재는 '협주곡'으로 번역되지만, '경주곡'으로 알려진 시기도 있었다. 오케스트라와 독주 악기가 함께 연주하는 곡으로 피아노 협주곡, 바이올린 협주곡이 대부분이지만 플루트 협주곡, 호른 협주곡 등 관악기 협주곡도 있다. 바이올린과 첼로가 연주하는 2중 협주곡, 여기에 피아노가 더해지면 3중 협주곡이 된다. 어느 협주곡이나 3악장이 표준이다. 오페라 서곡은 1악장 밖에 없었지만, 심포니아는 여러 악장이 있었다. 콘체르트의 영향을 짐작할 수 있는 대목이다.

덧붙이자면, 오케스트라에서 연주하는 모든 음악이 교향곡은 아니다. '교향시'라는 장르도 있는데, 시라고 해서 가사가 들어가는 것은 아니다. 교향시는 '음악에 의한 시'라는 뜻으로, 뒤에서 자세히 설명할 것이다.

교향곡이나 교향시와 표면상 비슷한 용어가 '관현악곡'이다. 이는 일본의 분류법인데 오케스트라에서 연주되는 곡이니 본래는 교향곡이나 협주곡도 포함되지만, 일본 레코드 업계에서 분류하는 바에 따르면 '오케스트라에서 연주되는 곡 중 교향곡·교향시·협주곡을 제외한 곡'을 관현악곡이라고 부른다. 바흐의 〈관현악 모음곡〉부터 차이콥스키의 발레곡 〈백조의 호수〉까지 범위가 워낙 잡다한 탓에 개인적으로 그리 바람직한 분류는 아니라고 본다.

18
소나타

𝄢

한때 일본에서 선풍적인 인기를 끌며 한류 열풍을 일으킨 한국 드라마 〈겨울연가〉를 기억하는가? 일본에서는 '겨울의 소나타(冬の ソナタ)'라는 제목으로 방영되었는데, 왜 연가를 소나타로 번역했을 까. 어찌 보면 오역이지만 소나타가 어감상 더 로맨틱한 이미지를 주기 때문일지도 모르겠다.

'소나타'라는 말은 '울리다, 울리게 하다'라는 이탈리아어에서 나 왔다. 그로부터 악기를 사용해 연주하는 곡을 소나타라 하고 주명곡 (奏鳴曲)이라 번역했다. 소나타에도 여러 가지가 있지만, 성악이 있 으면 소나타라고 부르지 않는다. 기본적으로 소나타는 기악곡에 한 정된 장르인 까닭이다. 여기까지 놓고 보니 '사랑하는 사람을 그리 워하며 부르는 노래'를 뜻하는 연가를 소나타로 바꿔버린 게 참으로 부자연스럽다.

고전파 시대에 이르면, 소나타는 특정 양식을 가리키는 명칭이

된다. 이후에는 '소나타 형식의 악장이 하나 이상 들어간 곡'을 소나타라고 부르게 됐다. 피아노 소나타나 무반주 첼로 소나타처럼 말이다. 이 정의에 따르면 교향곡은 오케스트라 소나타가 될 테지만, 실은 그렇지 않다. 실내악 장르에 한해서만 '○○ 소나타'라고 한다.

그렇다면 소나타 형식이란 무엇일까. 이 형식은 18세기 후반 빈에서 확립되었으며 두 가지 주제를 가진다. 전문 해설서를 보면 '제1주제와 제2주제가 제시되고 이 둘이 조합되어 전개되어 나간다'라고 적혀 있다. 여기서 주제란 '이 작품의 주제는 사랑입니다', '평화를 주제로 글을 적어보았습니다'라고 말할 때의 주제와는 다르다.

음악에서 주제란 한 덩어리의 멜로디를 가리킨다. 여기에 리듬이나 하모니가 더해져 하나의 주제가 되므로 단순히 멜로디라고 표현하면 적합하지 않다. 소나타 형식에서 제1주제와 제2주제는 완전히 다른 느낌을 가지며 서로 대립하는 관계. 제1주제가 활기차다면 제2주제는 차분한 식이다. 즉 상반된 감정을 가진 제1주제와 제2주제가 등장하는데, 이를 '제시부'라 한다. 제시부가 끝나면 제1주제와 제2주제가 곡조나 리듬을 바꾸면서 변주를 하는 '전개부'가 이어진다. 이후 제1주제와 제2주제가 변화하지 않고 안정적으로 진행되는 '재현부'가 따라온다. 마지막으로 결미부(코다)에서 대단원을 맞이한다.

이처럼 소나타 형식이란 기승전결의 이야기 구조를 띤 음악 형식이다. 제1주제를 남성, 제2주제를 여성으로 본다면 멜로드라마의 작극법은 소나타 형식이라고 할 수 있다. 혹은 독일에서 탄생한 변증

법('정'과 '반'이 대립한 후 지양을 통해 '합'의 단계로 올라가는 과정)을 음악화했다고도 볼 수 있다.

흔히 피아노 소나타나 바이올린 소나타는 3악장 형식인데, 1악장은 소나타 형식이다. 교향곡도 마찬가지다. 반면, 2악장은 느리고 완만한 템포를 가진 악장으로 '3부 형식'이 많다. 3부 형식이란 '주선율 A + 대선율 B + 주선율 A의 반복 또는 변형'의 순서를 말한다.

마지막 3악장은 론도 형식이다. 론도는 '윤무곡'이라는 번역어도 있는데, 선율 A(론도주제)에 다른 선율 B나 C가 더해져 여러 번 반복되는 형식이다. 대개 'A-B-A-C-A-D-A' 하는 식으로 진행된다. 여름을 배경으로 한 여성이 애인을 줄줄이 바꾸는 이야기를 다룬 드라마가 있다면, 〈여름의 론도〉가 꽤 어울릴지도 모르겠다.

19

사상 최초의
교향곡

𝄢

교향곡은 지휘자의 통솔 아래 수십 명의 오케스트라가 연주하는 곡으로, 명실상부 클래식 음악의 꽃으로 불린다. 교향곡은 심포니를 일본어로 번역한 것인데, 이렇게 번역한 이는 일본의 소설가이자 번역가인 모리 오가이다. 그전까지는 교향악이라고 불렸다.

교향곡이란 오케스트라에서 연주되는 곡 전반을 가리키지만 사실 그것만은 아니다. 오케스트라에서 연주되는 곡 중에는 교향곡 외에도 교향시, 관현악곡, 협주곡, 서곡 등 여러 장르가 있으니까 말이다.

그렇다면 오케스트라가 연주하는 곡 중 어떤 곡이 교향곡인가. 정의만 놓고 보자면, 오직 악기로만 연주되며 4악장으로 구성된다. 게다가 4악장은 처음부터 차례로 급(빠른 템포), 완(느릿한 템포), 미뉴에트(우아하고 경쾌한 삼박자의 춤곡), 급(빠른 템포)이라는 특징을 가진다. 그런데 이 또한 완벽한 정의가 아니다. 교향곡의 최고봉이라 일컬어지는 베토벤 교향곡 제9번 〈합창〉에는 성악이 더해지고, 베토

조반니 삼마르티니

벤 교향곡 제6번 〈전원〉은 5악장까지 있으며, 차이콥스키 교향곡 제6번 〈비창〉은 마지막 악장이 느리다. 그만큼 명곡 중에는 이 기본에서 벗어난 곡이 많다.

공산품은 JIS, 농산품은 JAS처럼 확실한 기준이 정해져 있지만, 음악의 경우 완벽한 정의란 존재하지 않는다. 작곡가가 '이건 교향곡이다'라고 선언하면 그대로 교향곡이 된다는 소리다. 앞에서 서술한 4악장 형식이 탄생한 시기는 18세기 초로 나오는데, 누가 그런 형식을 만들었는지 확실한 기록은 없다. 대략 '이렇게 하는 편이 좋지 않을까' 한다든가 누군가가 만든 것을 남들이 '나도 한번 해보자' 하고 따라 하면서 점점 하나의 양식으로 발전해 간 듯싶다. 저작권이라는 개념이 전무한 시절이니, 따라 했다고 표절로 비난받을 일은 없었으리라.

앞서 교향곡은 이탈리아에서 탄생했다고 했는데, 조반니 삼마르티니(Giovanni Battista Sammartini, 1700-1775)가 1734년에 작곡한 교향곡이 역사상 최초의 교향곡으로 여겨진다.

한편, 합주 협주곡에서 교향곡이 발전했다는 설도 있다. 이탈리아에서 발전한 이 장르는 곡의 템포가 '급-완-급'으로 변하고 이것이 독립해 3악장이 됐으며, 이후 미뉴에트 악장이 추가되어 최종적으로 4악장이 됐다는 주장이다.

하이든의 첫 교향곡은 에스테르하지 후작 가문에 고용되기 전에 모르친 백작 가문의 궁정악단에서 일하던 시대(1757-1760)에 작곡되었다는 설이 유력하다. 모차르트가 태어난 것이 1756년이므로 그 무렵이다.

하이든과 모차르트 시대에 작곡된 교향곡은 이후에 '절대 음악'이라고 불리는데, 이는 뭔가 구체적인 내용을 묘사한 음악이 아니었다는 뜻이다. 당시 콘서트에서 주역은 독창이나 독주였으며 교향곡은 어디까지나 조연에 불과했다. 교향곡이 콘서트 프로그램의 메인으로 부상하는 건 1780년대부터다.

하이든은 4악장의 교향곡이라는 형식을 확립했는데, 그 음악은 무언가를 표현하거나 묘사하는 건 아니었다. 하이든과 모차르트의 교향곡은 왕과 귀족이 오락으로 편안하게 즐기는 '음악 그 자체'였다. 음악가가 진지한 고뇌 끝에 심혈을 기울여 작곡하고, 곡에 심오한 메시지가 담기고, 청중이 전율과 감동을 느끼는 등 교향곡이 오락이 아닌 예술로 격상되는 건 음악사의 전무후무한 천재, 베토벤이 등장하면서부터다.

제3장

고전파

20
고전파
음악

♯

바로크 이후 음악을 고전파 음악이라고 부른다. 모차르트와 베토벤이 활동했던 시대인 이 고전파 시기에 클래식 음악의 토대가 완성되었다. 따라서 모차르트와 베토벤이 고전파인 셈인데, 처음부터 그들이 고전파라는 파벌에 속했던 게 아닐뿐더러 본인들이 자칭한 것도 아니다. 고전파 이후에 오는 낭만파 시대 작곡가들이 "이전 시대의 음악이야말로 우리가 규범으로 삼아야 할 고전(클래식)이다"라고 주장하면서 이전 시대에 해당하는 모차르트와 베토벤 등이 고전파로 규정된 것이다.

더불어 낭만파 시대에 서양 음악이 일본으로 전해졌는데, 이를 계기로 '클래식'이라는 용어가 일본에 정착되었다. 현재는 '서양의 옛 음악으로 민요 등 민속 음악이 아닌 것' 전반을 클래식이라고 지칭하며 르네상스와 바로크, 나아가 20세기 현대 음악까지 포함해 말하는 경우가 많다. 하지만 본래 클래식은 고전파 음악만을 지칭하는 용어였다.

고전파 시대가 언제 시작돼서 언제 끝났는지는 명확하지 않다. 왕조가 바뀌거나 혁명이 일어나는 등 정치에서는 권력의 교체 시기를 명확히 알 수 있으나, 예술에서는 그 시기가 애매하기 때문이다.

넓은 의미로 보면, 바로크 시대의 말기 1730년대에 시작되었다고 보는 견해가 일반적이다. 고전파의 대표 격인 하이든이 1732년에 태어났으므로 이때부터 고전파가 시작되었다고 보는 것이다.

고전파의 끝은 1820년대까지로 본다. 베토벤 교향곡 제9번이 초연되는 때가 1824년, 그가 사망한 때가 1827년이니까 그때까지를 고전파 시대로 규정한 것이다. 혹자는 베토벤이 낭만파에 속한다는 의견을 내놓기도 하므로, 그 주장을 채택한다면 고전파의 끝은 모차르트가 죽고 프랑스 대혁명이 일어나는 1790년 전후까지가 된다.

엄밀히 말하면, 고전파 전성기는 1775년부터 1790년까지의 모차르트 시대였다. 본래 음악의 중심지는 이탈리아와 프랑스였는데, 고전파 시대가 도래하면서 독일과 오스트리아가 음악의 주도권을 가져오게 되었다. 모차르트가 활동할 당시 음악의 수도는 단연 오스트리아 빈이었다. 음악의 중심지가 이탈리아나 프랑스에서 오스트리아 빈으로 옮겨가면서 살리에리를 비롯한 이탈리아인들도 빈에서 활약했다.

고전파 최고의 히트 상품은 교향곡이다. 하이든이 교향곡의 형식을 확립했다면 모차르트는 이를 화려하게 발전시켰고 베토벤은 이를 최고 수준의 경지로 끌어올렸다. 빈에서는 지금도 세 명이 작곡한 교향곡이 연중행사로 공연된다.

이늘을 빈 고전파라고도 부른다. 그러나 수많은 클래식 용어가 그러하듯, 이 용어도 당시에는 존재하지 않았다. 빈 고전파로서 세 사람이 그룹으로 활동한 것도 아니다. 그 말인즉슨 하이든도, 모차르트도, 베토벤도 자신이 빈 고전파로 불릴 줄은 꿈에도 몰랐을 거라는 얘기다.

21
음악의 도시
빈

#

유럽의 관광 가이드북을 보면 판에 박힌 문구가 있다. '파리는 예술의 도시', '빈은 음악의 도시'가 그것이다. 그렇다면 언제부터 빈은 음악의 도시가 됐을까.

빈은 오스트리아의 수도다. 오스트리아는 오늘날 유럽의 한 나라일 뿐이지만 예전에는 세계를 지배한 패권국이었다. 당연히 수도 빈은 세계의 중심이자 세계의 수도였다. 권력이 있는 곳에 부(富)도 집중되는 법. 명예와 재물을 좇아 수많은 음악가가 빈으로 향했다.

클래식 음악의 발상지인 이탈리아 출신 음악가들도 빈에 와서 궁정 음악가로 활동했다. 18세기 후반, 제국이 아직 번성하지 않던 시절에 어떻게 빈에서 새로운 음악이 탄생할 수 있었을까. 이유는 간단하다. 이를 뒷받침할 강력한 부가 있었기 때문이다.

그렇다면 여기서 잠깐, 하이든부터 베토벤까지 고전파 시절 음악업계를 한번 살펴보자. 바로크 시대 말기에 이미 그 싹이 트고 있었지만, 악보 출판과 공개 연주회(콘서트)가 본격화되면서 작곡가들은 궁중이나 교회에 얽매이지 않는 프리랜서로서의 입지를 확립해갔다. 그러자 연주회나 오페라를 주최하는 기획자가 생겼고, 기획자와 음악가 사이를 중개하는 에이전트도 생겼다. 궁궐에 있던 극장은 민간 자본으로 운영되고 연주회를 위한 전문 홀도 들어섰다.

오늘날과 비교해서 당시 음악계에 없던 건 녹음과 방송 정도뿐이다. 요즘 시대와 비슷한 수준의 음악 산업 인프라가 갖춰진 셈이었다. 장인(기술자)에 불과하던 음악가는 예술가로 격상되고 음악은 소수 왕후와 귀족들의 우아한 취미생활이 아닌, 다수의 시민에게서 막대한 수익을 창출하는 비즈니스로 성장해나갔다.

그렇다. 이 시대 음악가를 경제적으로 지탱한 건 부유한 시민 계층이었다. 산업혁명으로 경제력을 갖춘 시민들은 음악의 주요 소비 계층으로 부상했고, 이들은 프로 음악가의 연주를 듣는 데 그치지 않고 스스로 연주하며 즐기기 시작했다. 그러자 자기 집에서 가족 모두가 연주하며 즐기기 위한 곡이 필요해졌다. 작곡가들에게 새로운 시장이 열린 것이다.

18세기까지 음악은 궁중이나 교회에 고용된 프로 음악가가 귀족들을 위해 연주할 목적으로 작곡했다. 메인 상품은 어디까지나 연주 그 자체였고, 작곡은 그 과정이며, 악보는 이를 위한 도구에 불과했다. 그러나 19세기에 들어서자 귀족이나 부유한 시민들이 가정에서 직접 연주하고 즐기기 위한 곡을 원하게 되면서 악보가 중요한 상품으로 떠올랐다. 예전에는 음악가가 곡을 작곡하면 고객 앞에서 스스로 연주하면 그만이었는데, 이제는 고객이 음악가의 곡을 연주하게 되니 악보의 상품 가치가 생겨난 것이다.

기술이 발전하면서 악기도 점차 큰 소리가 나게끔 개량되었다. 그러자 각지에 대규모 연주회장이 건설되기 시작했다. 대규모 공연장이 생겨서 악기가 개량된 것인지, 그 반대인지는 알 수 없다. '닭이 먼저냐, 달걀이 먼저냐'와 같은 문제다. 어찌 됐든 넓은 공연장이 생기고 큰 소리가 나는 악기가 생기자 작곡가들은 그에 걸맞은 웅장한 작품을 만들기 시작했다. 여기에 부합하는 장르가 교향곡이었다.

하드웨어와 소프트웨어 인프라가 정비되면서 궁중이나 교회에 고용된 신분이던 음악가는 사람들의 존경과 선망을 한 몸에 받는 예술가로 당당히 자립해 나아갔다.

이처럼 경제 구조(하부 구조)가 변화하면서 예술(상부 구조)도 변화하기 시작했다. 베토벤의 위대한 음악적 혁명은 이러한 변화 속에서 탄생했다.

베토벤이 경이로운 시도로 음악계를 새롭게 일으킨 고전파 시대에 서양 음악의 다양한 형식이 집대성되었다. 그야말로 클래식의 탄생, 그 자체였다.

22
하이든

\#

프란츠 요제프 하이든(Franz Joseph Haydn, 1732-1809)은 '교향곡의 아버지'로 불리는데, 현악 4중주 작품을 다수 작곡하며 현악 4중주라는 장르를 확립한 인물이기도 하다. 오페라도 많이 썼지만, 오페라 악보가 많이 남아 있지 않기에 오늘날은 거의 연주되지 않는다.

하이든은 1732년, 당시 헝가리 영토이던 로라우에서 태어났다. 어려서부터 음악에 재능을 보인 그는 1740년에 빈으로 상경해 슈테판 대성당의 소년 성가대에 들어갔다. 그것이 프로 음악가로서의 첫걸음이었다. 하지만 9년 뒤인 1749년, 청년이 된 그에게 찾아온 변성기 때문에 성가대에서 쫓겨나고 말았다.

실직 후 생계가 막막해진 하이든은 길거리 연주자, 피아노 교사 등 닥치는 대로 음악 관련 일을 했는데, 그때의 경험은 그에게 값진 배움을 선사했다. 당시는 지금처럼 음대를 나와 작곡가가 되는 코스가 존재하지 않았다. 따라서 대대로 음악 가문이 아니라면, 현장에서 부딪치며 배워갈 수밖에 없었다.

힘들고 고된 프리랜서 음악가생활을 10년 정도 견딘 하이든에게 마침내 기회가 찾아왔다. 귀족 궁정악단의 악장이 된 것이다. 드디어 인생이 역전되나 싶던 차에 귀족이 재정난에 빠져 얼마 안 가 해고되고 말았다. 하지만 운

프란츠 요제프 하이든

명의 여신은 그를 버리지 않았다. 1761년, 헝가리 대귀족인 에스테르하지 후작 가문의 궁정악단 부악장으로 취직한 것이다. 5년 후 악장이 사망하면서 자연스레 악장 자리를 물려받은 하이든. 그는 이후 30년 넘게 에스테르하지 가문을 위해 수많은 곡을 작곡했다.

에스테르하지 가문의 주인인 니콜라우스는 음악 애호가였다. 하이든은 그를 위해 교향곡과 현악 4중주곡 등을 잇달아 작곡하고 연주했다. 이 시대는 명곡이라는 개념이 없었기에 늘 신곡만 무대에 올렸다. 짐작건대 그는 날마다 눈코 뜰 새 없이 바쁜 나날을 보냈으리라.

1790년 니콜라우스가 숨을 거두고 그 뒤를 안톤이 승계했는데, 그는 음악에 전혀 관심이 없는 인물이었다. 그가 궁정악단을 해체해 버리자 졸지에 실직자로 전락한 하이든은 악장이라는 직함만 남겨

둔 채 사실상 프리랜서로 활동을 시작했다. 그때 운명처럼 영국의 음악 기획자 잘로몬을 만났다. 당시는 일반 시민을 상대로 한 콘서트가 성황리에 이루어지던 시대였다. 특히 경제 대국으로 부상한 영국의 수도 런던에서는 대중 콘서트가 성행하고 있었다. 하이든은 잘로몬과의 만남을 계기로 1791년부터 1792년, 1794년부터 1795년에 런던에서 잇달아 연주회를 열어 신작 교향곡을 초연했다. 당시 콘서트는 지금과 달리 신곡만을 연주하는 자리였다.

하이든이 처음 런던으로 떠날 때 모차르트가 배웅해줬다고 한다. 누구도 몰랐으리라. 그것이 마지막 만남이 될 줄을 말이다. 하이든이 런던에 있는 동안 모차르트는 젊은 나이로 숨을 거두었다. 하이든이 런던을 나와 잠시 들른 독일 본에서 신동이라 불리는 소년을 만나는데 그가 바로 베토벤이었다. 베토벤은 이후 빈으로 가서 하이든의 제자가 되었다. 세 사람의 인연은 이 정도다.

1795년 하이든이 두 번째 런던 투어에서 돌아왔을 때 에스테르하지 가문의 주인은 다른 사람으로 바뀌어 있었다. 음악을 사랑한 새 주인은 궁정악단을 부활시켰다. 그리고 하이든은 다시 에스테르하지 궁정악장으로 임명되었다. 그는 이곳에서 1804년까지 근무했다.

은퇴 후에는 빈에서 여생을 보냈는데, 1809년 나폴레옹이 빈을 침공하던 때 자택에서 77세 나이로 사망했다.

하이든은 대체로 순탄하고 성공적인 삶을 살았지만, 드라마처럼 흥미진진한 그런 인생사를 그려낸 건 아니다. 동시대에 더욱 극적인 인생을 살았던 모차르트와 베토벤 때문에 하이든은 상대적으로 존재감이 떨어지는 면이 있다. 하지만 자세히 보면 음악가가 장인으로서 귀족에게 고용되던 시대와 예술가가 자립해 나아가던 시대 그리고 콘서트라는 비즈니스가 성행하던 시대까지, 서로 다른 시대를 관통하며 그는 누구보다 치열하게 인생을 살았다. 그 배경에는 프랑스 혁명부터 나폴레옹 등장이라는 격동의 세계사가 존재한다.

23

교향곡 제목의
비밀

♯

　'영웅', '운명', '전원', '미완성', '비창', '신세계', '거인', '부활', '비극적', '불멸', '혁명'⋯⋯. 이는 베토벤과 후대 작곡가들이 쓴 교향곡 제목들이다. 대다수는 작곡가 뜻과 무관하게 흥행사나 악보 출판사 혹은 음반사가 적당히 붙인 것인데(이 문제에 대해서는 뒤에서 자세히 다룰 것이다), 보다시피 진지하고 심각한 느낌의 제목이 많다.

　반면 하이든 교향곡의 제목을 보자. '왕비', '정신 나간 사람', '교장 선생님', '호른 신호', '탄식', '메아리', '슬픔', '고별', '제국', '불', '사냥', '곰', '놀람', '군대', '시계'⋯⋯.

　가볍고 일상적인 데다 장난기마저 느껴진다. 음반사나 흥행사처럼 하이든 작품을 팔려고 했던 사람들은 그의 곡에 이런 제목을 붙이고는 익살과 해악이 담겨 있다며 선전했다. 하이든의 곡 어디에 그런 유머가 있는지는 모르겠지만 말이다.

　하이든은 교향곡이라는 장르를 확립했기에 '교향곡의 아버지'로 불린다. 교향곡 제1번은 1759년경 작품으로 추정되는데, 하이든은 그 무렵부터 교향곡 작곡에 전념해 1795년 제104번 〈런던〉에 이르기까지 무려 40년 가까이 교향곡을 썼다. 그 과정에서 자연스레 교향곡이라는 장르 형식이 점점 확립되었으리라.

이렇게나 다작했으니, 제목 따위는 대충 붙인 게 아닌가 싶기도 하지만 그렇지 않다. 사실 앞에서 언급한 장난스러운 곡의 제목은 하이든 자신이 붙인 제목이 아니다.

당시에는 '교향곡 제○번' 같은 방식이 존재하지 않았다. 그래서 쉽게 구분하기 위해 애칭처럼 붙인 것이다. 사실 그 애칭이라는 것도 대부분은 곡 내용과 무관하다. 애당초 하이든의 곡은 무언가를 표현하고 묘사하는 음악이 아니니까.

낭만파 시대에 하이든의 교향곡이 주목받지 못한 건 그 때문인지도 모른다. 낭만파 음악가들이 본보기로 삼은 건 교향곡에 메시지를 담고 의미를 부여한 베토벤이었지, 하이든이 아니었다. 하이든의 교향곡이 자주 연주되기 시작한 건 20세기 후반에 들어서다.

빈 고전파의 또 다른 멤버인 모차르트는 어떨까. 그의 교향곡에는 '프라하', '파리', '린츠' 등 지명이 많다. 이것은 각 장소에 갔을 때 작곡했기 때문이지, 특별히 해당 도시 이미지를 음악으로 묘사한 건 아니다.

모차르트의 마지막 교향곡 41번에는 '주피터'라는 애칭이 붙는다. 주피터는 그리스 신화에 등장하는 신들의 신 제우스를 가리키는데, 그렇다고 이 작품이 주피터를 그린 곡은 아니다. 단지 이 곡이 모차르트의 마지막 교향곡이자 최고 중의 최고라는 의미로 '주피터'가 붙었을 뿐이다. 심지어 모차르트 본인이 붙인 것도 아니다. 모차르트 사후에 기획자 잘로몬이 마음대로 이름을 붙였다고 한다.

24
모차르트

수많은 예술가 중에는 '신동 → 천재 → 요절'이라는, 행복인지 불행인지 알 수 없는 인생 코스를 걸은 사람이 있다. 그 대표적 인물이 볼프강 아마데우스 모차르트(Wolfgang Amadeus Mozart, 1756-1791)다.

모차르트는 1756년에 오스트리아 지방 도시 잘츠부르크에서 태어났다. 이곳은 신성 로마 제국 안에 속하면서도 교황의 직할지인 대주교령이었다. 아버지는 바이올리니스트로서 동네 궁정악단에 고용되어 있었는데, 그는 아들 모차르트의 비범한 음악적 재능을 일찌감치 알아채고 음악을 가르쳤다. 모차르트는 누나가 악기를 연주하는 것을 옆에서 듣기만 해도 화음을 칠 수 있었다. 절대 음감이었던 것이다. 그는 4세 때 피아노의 전신인 클라비어를 배우고 5세 때 첫 작곡을 했다. 음악사에 길이 남을 전설이 탄생하는 순간이었다.

아버지는 신동 아들을 데리고 일찌감치 유럽 투어에 나섰다. 여기에는 아들을 연주가로서 흥행시키려는 것 외에 시골 마을 잘츠부

볼프강 아마데우스 모차르트

르크보다 더 큰 도시의 궁정악단에서 일하고 싶은 본인의 야망도 담겨 있었다. 두 번째 목표는 결국 실패로 돌아가지만, 연주 투어로 유명해진 덕분에 부자가 함께 잘츠부르크 궁정악단에서 일하게 되었다.

모차르트가 궁정악단을 그만두고 프리랜서 음악가가 된 시기는 1781년, 25세 때였다. 음악 가정교사, 연주회 흥행 수입, 악보 출판 수입(당시는 인세라는 개념은 없고 한 곡당 얼마를 받고 출판사에 악보를 파는 형식이었다), 오페라 작곡비 등으로 생계를 유지했다. 인세가 없는 것을 제외하면 현대 음악가와 비슷하다. 초창기 모차르트 콘서트는 인기가 많았지만 갈수록 식상해졌다는 설이 있다.

모차르트 생애에는 여러 에피소드가 있지만, 그중에는 픽션에 가까운 것도 있다. 프리메이슨에 들어간 것이나 빚이 많았다는 건 사실이다. 반면 아내 콘스탄체가 악처라는 얘기는 후세 사람들이 천재 모차르트의 인생을 드라마틱하게 만들려고 지어냈다는 주장도 있다. 콘스탄체는 모차르트 사후 50년을 넘게 살았는데, 그녀는 재혼한 남편 닛센과 함께 모차르트 자서전을 집필하며 모차르트 명성을 높이는 데 노력했다.

모차르트 오페라 중 〈피가로의 결혼〉, 〈돈 조반니〉, 〈마적〉 등은 현재까지도 전 세계 오페라극장의 유명 레퍼토리다. 교향곡은 41개 작품이 있는데, 특히 마지막 세 곡은 모차르트 음악의 최고 걸작으로 평가받는다. 27개 작품이 남아 있는 피아노 협주곡에도 명곡이 많다. 그 밖에도 다양한 장르 600여 작품을 작곡해 남겼는데, CD로 치면 178장 분

모차르트 부인 콘스탄체

량이다. 악보가 현존하지 않는 작품도 꽤 있을 테니 정확한 작품 목록은 알 수 없으나 35년이라는 짧은 생애에 비하면 다작이었다.

모차르트는 특별히 새로운 양식을 확립한 건 아니었기에 음악 역사상 혁명가로서의 공적은 없다. 이전까지 이탈리아어로 된 오페라를 독일어로 쓴 적은 있다. 1782년에 초연한 〈후궁으로의 도피〉가 독일어 오페라였다.

개혁이나 발명 자체를 하진 않았지만, 음악에 감정을 불러온 점은 당시 음악계에서 혁명적이었다. 그저 편안하게 배경음악처럼 듣는 음악이 모차르트에 이르러 무언가를 느끼게 되고 해석이라는 게 필요해졌다. 이런 말도 후세 사람들이 그런 평가를 했을 뿐, 당시 청중은 아무 생각 없이 배경음악처럼 들었을지도 모르지만 말이다.

25
모차르트 죽음의
미스터리

요절한 천재 모차르트는 가장 유명하고 가장 수수께끼가 많은 음악가다. 35년이라는 너무도 짧은 생애에 작곡한 작품은 600여 개로, 현존하는 악보를 모두 연주하면 CD로 178장이 나온다. 65세까지 산 바흐 그리고 57세까지 산 베토벤의 경우 현존하는 악보를 모두 연주하면 CD로 각각 156장, 102장이다.

단순히 장수를 생애로 나누면 모차르트는 1년에 5장, 바흐는 2.4장, 베토벤은 1.8장을 작곡한 셈이다. 어디까지나 단순 평균치이므로 전성기에는 1년에 10장 이상을 작곡했을지도 모른다. 어쨌든 1년에 5장도 지금의 음악계와 비교하면 말도 안 되는 다작이다.

게다가 모차르트는 생애의 3분의 1을 여행으로 보냈는데, 그 와중에 작곡과 연주도 겸했다. 유흥도 좋아해서 파티에 나가고 도박하고 연애하고……. 실상 고독하게 서재에 틀어박혀 두문불출하는 성향은 아니었다.

몸이 열 개라도 모자랄 만큼 바쁜 생활을 보냈기에 과로사한 게 아닌가 싶기도 하다. 아무튼 그의 사인을 둘러싸고 여전히 갖가지 설이 제기되고 있다. 시신이 공동묘지에 묻히면서 자세한 사안을 확인할 수 없다는 점도 비밀스러움을 더한다.

안토니오 살리에리

유력한 사망설은 동업자 살리에리(1750-1825)가 독살했다는 설이다. 이는 모차르트가 죽은 지 30년이 지난 뒤, 숨을 거두기 직전의 살리에리가 "내가 모차르트를 죽였다"라고 고백했다는 소문이 돌았기 때문이다. 이 소문이 빈에서 돈 건 사실이지만, 오늘날 살리에리 독살설은 설득력을 잃고 있다. 그럼에도 또 다른 의문이 남는다. 왜 그런 소문이 돌았을까. 살리에리는 말년에 정신착란을 일으키는데, 무의식에 자리 잡고 있던 '모차르트가 밉다. 모차르트를 죽이고 싶다'는 상념이 입 밖으로 나왔다는 의견이 있다.

모차르트가 세계에서 가장 유명한 비밀결사대 프리메이슨에 가입한 건 사실이다. 그래서 죽음의 비밀을 프리메이슨에서 찾는 설도 있다. 1791년에 초연된 모차르트의 마지막 오페라 〈마술피리〉에는 프리메이슨의 비밀을 아는 사람만 알 수 있는 대목이 나오는데, 그것이 조직의 규범을 깨는 행위라 살해됐다는 것이다. 그러나 이 역시 황당한 설로 받아들여지고 있다. 혹은 모차르트가 피아노를 가르치던 유부녀와 불륜을 저질렀는데, 상대 남편이 불같이 화를 내며 죽였다는 설도 있다.

실제로 모차르트가 숨을 거둘 당시 모습은 어땠을까. 몸 상태가 급격히 나빠지고 두 달가량 부종과 고열에 시달리다 죽었다고 한다. 급사인 것은 맞다. 모차르트가 죽기 직전 아내 콘스탄체에게 "누군가가 나에게 독을 먹였다"라고 털어놓았다는 설도 있다.

빈이 발표한 공식 기록에는 '급성 속립진열(발열과 발진을 동반한 급성질환)'이라고 나오는데, 류마티스성 염증열이라는 설과 선천적 매독이었다는 설도 있다. 어릴 때부터 잦은 연주 투어로 병약했다는 설도 있다. 당시에는 지금만큼 의료가 발달하지 않았고 유행병도 많았으니, 수수께끼 죽음이 아닐 가능성도 있다.

모차르트가 죽기 직전까지 붙잡고 있던 작품이 있는데 정체불명의 인물이 의뢰한 〈레퀴엠〉이다. 말할 것도 없이 죽은 자를 위한 미사곡인데, 마치 자신을 위해 만든 것처럼 그럴싸해서 모차르트를 다룬 소설이나 연극, 영화의 단골 소재가 된 바 있다.

하지만 알고 보니 〈레퀴엠〉의 의뢰인은 어느 백작으로 밝혀졌다. 젊은 아내가 죽자 미사에 백작 자신이 직접 만들었다며 곡을 연주하고 싶어서 모차르트에게 대필 작곡가로 곡을 의뢰한 것이다. 이런 내막은 모차르트 사후에도 좀처럼 밝혀지지 않았을 테고, 그의 죽음이 세간의 흥미를 끄는 수수께끼로 남는 데 영향을 미쳤으리라.

26
미완성곡

클래식 음악에는 작곡가가 미처 다 완성하지 못한 곡이 적지 않다. 대표적인 작품이 슈베르트의 〈미완성 교향곡〉인데 그 밖에도 여럿 있다.

아울러 미완성 작품을 다른 작곡가가 완성하는 예도 흔한데, 그중 하나가 모차르트의 〈레퀴엠〉이다. 총 14곡으로 구성된 이 작품에서 모차르트가 완성한 건 첫 두 곡뿐이고 나머지는 단편적인 멜로디만 남아 있던 것을 제자 프란츠 크사버 쥐스마이어가 완성했다. 이외에도 몇몇 작곡가가 독자적인 버전을 완성했지만, 오늘날 연주되는 건 쥐스마이어 버전이다.

이 곡은 모차르트가 어느 백작에게 비밀리에 의뢰받았는데, 보수 절반은 선금으로 받았다고 한다. 그런데 작곡하던 도중 모차르트가 죽는 바람에 완성하지 않고는 잔금을 받지 못할 상황에 처했다. 그러자 아내 콘스탄체가 궁여지책으로 제자인 쥐스마이어에게 곡을 완성하게 하고 모차르트가 썼다며 의뢰인에게 전달했다는 것이나.

푸치니의 마지막 작품 〈투란도트〉도 미완성이다. 1919년경부터 구상해 나아가던 중 슬럼프에 빠지지만, 1923년부터 심기일전하여 대본 작업과 병행하며 본격적인 작곡에 착수했다. 하지만 1924년 푸치니는 암으로 쓰러지고 말았다. 본인에게 정확한 병명을 알리지 않은 채 11월에 수술에 들어가지만 5일 후에 심장마비로 사망했다. 〈투란도트〉는 제3막 '류의 죽음' 장면까지 완성한 상태였다. 마지막 클라이맥스가 미완이었던 것이다. 23페이지 분량이 대략적인 스케치밖에 없는 상황에서 푸치니 아들의 추천으로 프랑코 알파노가 나머지를 완성했다.

무소륵스키의 오페라 작품 〈호반시치나〉도 미완성곡인데, 같은 러시아 작곡가 림스키코르사코프가 나머지를 완성했다. 하지만 기존 곡에서 연속성을 가지고 곡을 완결시켰다기보다는 곡을 전면적으로 개정한 까닭에 최근에는 상연되지 않는다. 오리지널을 손상했다는 이유에서다. 오늘날은 쇼스타코비치가 오리지널을 존중하며 완성한 버전이 자주 상연된다.

교향곡에서는 말러의 10번이 미완성으로 끝났다. 5악장까지 구상됐지만, 말러가 완전한 형태로 완성한 건 1악장뿐이었다. 다행히 나머지 악장의 초고가 남아서 이를 바탕으로 몇몇 음악학자와 지휘자가 미완성 부분을 보완해 완성 버전을 만들었다. 그중 영국의 음악학자 데릭 쿡 버전이 자주 연주된다.

이와는 별개로 원곡자 이외의 사람이 수정을 가한 곡은 인정하지 않는다는 연주가나 청중, 평론가도 여전히 많다.

27

베토벤

#

　루트비히 판 베토벤(Ludwig van Beethoven, 1770-1827)은 1770년에 독일 본에서 태어났다. 할아버지는 쾰른 선제후의 궁중 가수, 아버지도 같은 궁중 가수였다. 바흐나 모차르트처럼 음악 일가에서 태어난 셈이다. 베토벤에게 음악적 재능이 있음을 직감한 아버지는 아들을 철저히 교육시켰다. 그 덕분에 베토벤은 8세 때 신동 피아니스트로 데뷔했다. 그러나 이는 아름다운 스토리가 아니었다. 알코올 의존증으로 일하지 못하게 된 아버지가 아들의 재능을 이용하여 돈벌이한 것이다. 10대가 된 베토벤은 아버지를 대신해 가계를 책임져야 했다.

　1787년에 16세가 된 베토벤은 빈으로 향하고, 그곳에서 모차르트를 만나 제자가 되었다는 전설 같은 이야기가 전해진다. 그런데 몇 주 뒤 어머니가 세상을 떠났다는 비보를 듣고 본으로 돌아와야 했다. 클래식 음악을 대표하는 위대한 두 천재가 사제관계가 됐다는

루트비히 판 베토벤

게 사실이더라도 이는 지극히 찰나의 순간이었다.

1792년, 베토벤이 다시 빈으로 향하지만 이미 모차르트는 세상에 없었다. 그는 하이든의 가르침을 받지만 만족하지 못하고 얼마 안 가 배우기를 그만두었다. 이후 몇몇 음악가를 스승으로 삼았다. 그 중엔 살리에리도 있었는데 그에게 이탈리아식 성악 작곡을 배웠다. 베토벤은 얼마 뒤 빈에서 피아니스트로서 두각을 나타내기 시작했다. 자작 즉흥 연주로 인기를 끈 것이다. 1795년에 처음으로 연주회를 열었는데, 결과는 대성공이었다.

시대는 19세기로 진입하고 베토벤의 전성기가 활짝 열렸다. 1800년에는 야심 차게 현악 4중주와 교향곡을 완성하는데, 예기치 못한 불운이 그를 덮쳤다. 귀가 들리지 않기 시작한 것이다. 심해지는 난청으로 1802년에 자살까지 생각하며 유서를 쓰는 베토벤. 하지만 그는 이내 자살을 단념하고 굳은 결의를 다졌다. 죽을 만큼 괴로운 고통을 감내하면서 예술을 위해 살아나가기로 말이다. 난청이라는 장애가 생긴 이상 피아니스트로서는 사실상 사망선고나 다름없었다. 그렇다면 답은 하나였다. 작곡가로 살아가는 것!

자살까지 생각하던 베토벤은 새로운 각오를 다지며 작곡에 몰두했다. 그리고 1804년, 교향곡의 상식을 파괴하는 혁명적인 작품 제3번을 완성했다. 하이든이나 모차르트의 교향곡은 4악장을 모두 합쳐도 20분 내외였지만, 베토벤 교향곡 제3번은 45분 가까이 걸리는 남다른 스케일을 자랑하는 작품이었다. 베토벤이 나폴레옹을 염두에 두고 만든 위풍당당한 교향곡 제3번은 애칭으로 표현된 것이 더 익숙한데, 그게 바로 〈영웅〉이다.

베토벤은 이후 교향곡 9곡, 피아노 협주곡 5곡, 피아노 소나타, 바이올린 소나타, 첼로 소나타, 피아노 3중주, 현악 4중주 등 수많은 걸작을 잇달아 발표했다. 그는 1827년 56세 나이로 생을 마감했다. 인생에서 단 한 번도 누구에게 고용되지 않았다는 점에서 그는 최초의 독립적인 음악가였다. 일설에 따르면, 베토벤의 장례식에 3만 명 이상이 참석해 황제의 죽음에 버금가는 추모 열기를 보였다고 한다.

베토벤이 혁명가로 불리는 이유 중 하나는 이전과 다르게 음악에 메시지를 담았기 때문이다. 이른바 '사상을 표현하는 음악'이라는 새로운 길을 연 것이다. 가사 있는 노래에 사상을 담은 게 아니라 음악 자체로 사상을 표현하려 했다는 점에서 유례가 없는 획기적인 시도였다. 그러다 음악만으로는 부족함을 느꼈는지, 마지막 교향곡 제9번에서는 합창을 도입하기에 이른다. 합창 교향곡이 너무나 유명해진 오늘날에는 이해하기 어렵겠지만, 당시 교향곡에 합창이 들어간다는 것은 파격 그 자체였다.

교향곡에 합창을 더하고 제6번에서는 〈전원〉이라는 표제를 붙인 점에서 베토벤을 고전파가 아닌 낭만파라고 봐야 한다는 주장도 있다. 하지만 베토벤의 음악에는 고전주의 양식미가 존재한다. 형식을 부정하는 낭만파와 명확히 선을 긋는 지점이다.

분명, 베토벤이라는 존재가 없었다면 음악사에서 낭만파는 한참 뒤에야 등장했을 것이다. 아울러 클래식은 다른 방향으로 발전했을지도 모른다. 그런 의미로 보자면 베토벤은 클래식 음악에서 가장 중요한 작곡가라 하겠다. 음악사는 베토벤의 전과 후로 나뉜다고 해도 과언이 아니다.

28

〈영웅〉
〈운명〉
〈전원〉

베토벤의 교향곡은 모든 작품이 불후의 명곡으로 유명하다. 특히 마지막 제9번은 일본에서 열리는 연말 음악회의 단골 레퍼토리다. 네 번째 악장에는 독일의 시인이자 극작가인 프리드리히 실러가 1785년에 쓴 시 〈환희의 송가〉가 가사로 나오는 것으로 유명하다. 독창과 합창이 어우러진 웅장한 스케일의 제9번은 주로 〈합창 교향곡〉으로 불린다.

제3번, 제5번, 제6번은 번호보다는 애칭으로 표현된 〈영웅〉, 〈운명〉, 〈전원〉 쪽이 더 자연스럽다. 그런데 이 세 곡 중 베토벤 자신이 제목을 붙인 건 〈전원〉뿐이다.

베토벤은 제3번 〈영웅〉을 당시 프랑스 영웅인 나폴레옹에게 헌정하려 했다. 그러나 나폴레옹이 황제로 즉위했다는 소식을 듣게 된 베토벤은 크게 실망하며 헌정을 취소했다. 심지어 헌정하겠다고 적은 표지도 찢어버렸다.

교향곡 〈영웅〉의 제목 페이지. 나폴레옹의 이름이 도려져 있다.

베토벤이 나폴레옹에게 헌정하려는 마음을 바꾼 건 사실이지만, 그 이유는 나폴레옹의 권력욕에 실망해서만은 아니다. 헌정했을 경우 사례를 받을 수 없다는 점도 이유 중 하나였다. '곡의 헌정'은 베토벤이 구축한 비즈니스 모델인데 차후에 자세히 설명하겠다.

아무튼 오늘날 일본에서는 베토벤 교향곡 제3번을 〈영웅〉이라고 부르며 마치 이 작품이 영웅을 그린 곡이라고 생각하곤 한다. 심지어 나폴레옹에게 헌정하고자 했다는 에피소드를 안다면 영웅을 나폴레옹의 이미지로 여기는 것도 이상한 일은 아니다. 하지만 이는 사실이 아니다. 베토벤이 이 곡의 악보 표지에 '영웅적 교향곡'이라고 쓴 건 사실이지만, 그것은 이 교향곡이 영웅적인 느낌을 가진 곡이라는 뜻이다. 그만큼 이 작품은 웅장하고 위엄이 넘친다. 자작곡에 '영웅적 교향곡'이라는 말을 붙이다니, 당시 베토벤이 얼마나 자신감 넘치는 야심가였는지 엿볼 수 있다.

제5번 〈운명〉은 일본이나 아시아권에서 부르는 이름이다. 이 곡은 '따다다단' 하는 강렬한 멜로디로 시작한다. 제자가 이 도입부의 의미를 묻자 베토벤은 "운명은 이렇게 문을 두드린다"라고 대답했다고 한다. 이러한 연유로 〈운명 교향곡〉이라고 불리게 됐다. 그러나 이 전설 같은 이야기도 오늘날 신빙성을 의심받고 있다.

제6번 〈전원〉은 베토벤 자신이 붙인 제목이다. 곡 전체뿐만 아니라 5개 악장마다 각각 표제가 붙어 있는데, 그런 연유로 이 교향곡은 표제 음악 교향곡의 시초로 평가받는다.

참고로 〈전원 교향곡〉 이전의 다섯 교향곡이나 하이든, 모차르트의 교향곡에도 작곡가가 표제를 붙인 곡은 없었다.

29
헌정곡

♯

클래식 콘서트 프로그램이나 클래식 CD 해설서를 보면 간혹 '이 곡은 ○○ 백작에게 헌정되었다'는 내용을 발견할 수 있다. 그런데 곡을 꾸준히 헌정한 음악가는 베토벤뿐이다. 이전 세대인 하이든이나 모차르트는 헌정곡이 손에 꼽을 정도다.

하이든은 에스테르하지 가문에 고용됐고, 모차르트는 잘츠부르크 대주교 악단에 고용되었다. 그 말인즉슨 이들에게는 고정 수입이 있었다는 얘기다. 반면 베토벤은 누구에게도 고용된 적이 없던 프리랜서 작곡가였다. 이것이 그에게 유독 헌정곡이 많은 이유다.

베토벤의 수입원은 유료 연주회 출연료, 악보 출판 원고료였다. 하지만 이것만으로는 생활하기 부족하기에 후원자가 필요했다. 이것이 곡을 헌정한 상대가 대부분 귀족인 이유다.

교향곡 제4번은 오퍼스도르프 백작, 교향곡 제5번은 로브코비츠 백작, 제6번은 라주모프스키 백작에게 헌정되었다. 처음에는 세 곡 모두 오퍼스도르프 백작에게 헌정될 예정이었다고 한다. 그런데 두 곡이 다른 백작에게 헌정된 건 경제적인 이유에서였다. 요컨대 다른 두 백작이 더 비싼 값을 지불했을 것이라는 얘기다.

헌정이 먼저인 적도 있고 후원금이 먼저인 적도 있었다. 피아노 3중주 제7번은 '대공'이라는 표제로 유명한데, 이는 루돌프 대공에게 헌정된 곡이기 때문이지 곡의 내용과는 상관없다.

베토벤은 루돌프 대공에게 많은 걸작을 헌정했다. 피아노 협주곡 제5번 〈황제〉, 피아노 소나타 제26번 〈고별〉, 제29번 〈하머클라비어〉, 제32번 그리고 〈미사 솔렘니스〉 등등.

그들이 베토벤에게 얼마를 지불했는지는 곡마다 다를 테지만 베토벤의 곡이 회자될 때마다 본인의 이름도 인용되니 본전은 뽑지 않았을까. 그렇게 보면, 베토벤의 헌정곡은 현대 '럭셔리 비즈니스'의 원조 격이라고 봐도 무방하리라.

그런데 이 비즈니스도 초기에는 실패한 적이 있다. 상대의 양해를 구하지 않고 마음대로 헌정했다가 사례를 받지 못한 것이다. 상대 입장에서 보면 일방적으로 보낸 곡이니 굳이 사례할 필요가 없다고 생각해도 무리는 아니다. 그중 한 명이 러시아 황제 알렉산드로 1세였다. 1801년부터 1802년까지 베토벤은 '바이올린과 피아노를 위한 소나타' 세 곡을 써서 러시아 황제에게 헌정했지만, 아무리 사례금을 기다려도 함흥차사였다. 그도 그럴 것이, 베토벤은 일면식도 없던 황제에게 제멋대로 기대를 품고 곡을 보낸 것이다.

하지만 베토벤은 포기하지 않았다. 13년 뒤인 1815년, 나폴레옹

이후의 유럽을 어떻게 운영할지를 결정하는 빈 회의에 참석하기 위해 러시아 황제가 빈에 도착하는데 베토벤은 이 기회를 놓치지 않았다. 그는 러시아 황제와 동행하는 황후에게 곡 하나를 헌정한 뒤 악보에 '언젠가 황제께 헌정한 소나타의 사례금을 아직 받지 못했습니다'라고 쓴 편지를 곁들였다. 이 독촉 아닌 독촉장 덕분에 베토벤은 10년 이상 회수하지 못한 사례금을 받을 수 있었다.

헌정이 취소된 것으로 유명해진 인물이 나폴레옹이다. 베토벤은 교향곡 제3번을 나폴레옹에게 헌정할 생각으로 만들었지만 결국 헌정을 취소했다. 혁명가로서 나폴레옹을 동경하던 베토벤이 황제에 즉위하는 나폴레옹에 실망했다는 설이 널리 알려졌지만, 혹자는 베토벤이 지내던 오스트리아와 나폴레옹의 프랑스가 당시 적대관계에 있던 사실을 이유로 들기도 한다.

30
오케스트라와
지휘자

클래식을 이야기하자면 단연 오케스트라가 떠오른다. 전 세계에는 수많은 오케스트라가 있는데, 아마추어까지 포함하면 그 수를 헤아리기 힘들 정도다.

앞서 언급했듯이 오케스트라는 오페라에서 탄생했다. 이후 독립하여 단독 콘서트를 열면서 오늘날에 이르렀다. 현대의 오케스트라는 오페라극장 전속과 콘서트 전문으로 나뉘는데, 역사와 전통을 자랑하는 세계적인 오케스트라 중에는 오페라극장 전속이 많다. 빈 필하모닉이 대표적이다. 유럽에서는 오페라극장 대부분이 국립, 주립, 시립이기 때문에 오페라극장 오케스트라 단원들은 공무원 신분이다.

세계에서 가장 유명한 오케스트라 중 하나인 빈 필하모닉은 빈 국립 오페라극장 오케스트라 멤버들이 1842년에 결성한 악단이다. 오페라의 경우, 오케스트라는 무대 바로 앞 오케스트라 파트에서 연주하는데, 늘 같은 곡만 연주하느라 불만이 생겼다. 이를 해소하기

리허설 중인 빈 필하모닉 오케스트라

위해 가끔은 무대 위에서 연주하고자 결성했다고 한다. 멤버들은 모두 국립 오페라극장 오케스트라 단원 신분으로, 평소에는 오페라극장에서 오페라를 연주한다. 어디까지나 여가 시간을 이용해 콘서트를 열고 외국으로 연주 여행을 다니는 것이다.

콘서트 전문 오케스트라도 국립·주립 등 공적인 기관이 있지만, 최근에는 대부분 재정적인 이유로 민영화되는 추세다. 독일의 베를린 필하모닉은 본래 민간 오케스트라였으나 나치 시대에 공영화되었다. 그러다 제2차 세계대전 이후 베를린시(동서 통일 전에는 서베를린시) 소속이었다가 20세기 들어 민영화되었다.

유럽에는 방송국에 소속된 오케스트라가 많다. 일본에는 NHK 교향악단밖에 없지만, 서양에는 클래식 음악 프로그램이 많아 전속 오케스트라가 필요했다. 이들은 방송과는 관계없이 콘서트도 자주 열고 외국 투어도 나간다.

　반대로 일본에만 있는 오케스트라도 있다. 신문사에 소속된 요미우리 일본교향악단이 세계 유일의 신문사 오케스트라다.

　규모가 큰 곳은 100명 이상 단원이 있는데, 한 번 들어가면 기본적으로 고용이 보장된다. 베를린 필하모닉처럼 단원들이 자주적으로 운영하는 오케스트라도 있다. 베를린 필하모닉에서 음악감독(수석 지휘자)을 누구로 결정할지는 단원들 투표에 달려 있으며, 멤버 결원이 생기면 단원들이 누굴 뽑을지 결정한다.

　오케스트라가 다른 일반 기업과 다른 점은 지휘자와의 관계이다. 하나의 오케스트라에는 한 명의 음악감독(명칭은 오케스트라마다 다양하다)이 존재한다. 수석 지휘자라든가 상임 지휘자로도 불리는데, 대개 해당 오케스트라의 얼굴 역할을 한다. 물론 한 해 100-200회 정도의 콘서트 전부를 수석 지휘자가 지휘하는 건 아니다. 다른 지휘자도 객원 지휘자로서 참여한다. 그뿐만 아니라 한 오케스트라의 수석 지휘자가 다른 오케스트라에 객원 지휘자로 활동하기도 한다. 축구나 야구 감독과는 다른 문화다. 인기와 실력을 겸비한 지휘자라면 여러 오케스트라 음악감독을 겸할 수 있다.

　음악감독 임기는 대개 3년에서 7년 정도로, 만기가 지나면 갱신되기도 하고 임기 완료로 떠나기도 한다. 혹은 도중에 단원들과 갈등을 빚어 그만두기도 하고 심지어 쫓겨나기도 한다. 무대 위에서는 위엄 넘치게 오케스트라를 조련하지만, 실제로 지휘자 신분은 오케스트라 단원들보다 훨씬 불안정하다.

31
슈베르트

♯

베토벤이 세상을 떠나자 1년 뒤 그를 따라간 프란츠 슈베르트
(Franz Schubert, 1797-1828). 태어난 해가 19세기에 가까워 낭만파
로 분류되는데, 그를 고전파로 넣어야 한다는 주장도 있다. 베토벤
도 낭만파로 분류하는 학자가 있으니, 엄밀하게 나눌 필요는 없을
듯하다. 본인이 살던 시대에는 '고전파'라는 말 자체도 없었으니까
말이다.

슈베르트는 1797년 오스트리아의 빈 교외에서 태어났다. 아버지
는 작은 학교 경영자이자 아마추어 음악가여서 어린 아들에게 음악
을 가르쳤다. 음악가가 될 만한 환경에서 자란 셈인데 가족이 모여
하이든, 모차르트, 베토벤의 실내악을 함께 연주했다고 한다.

11세 되던 1808년, 슈베르트는 빈의 기숙사 신학교에 들어가 전
문적인 음악교육을 받았다. 이때 교사 중 한 명이 살리에리였는데,
슈베르트는 그에게 이탈리아 가곡의 작곡법을 배웠다. 그는 교향곡

을 비롯한 실내악곡, 기악곡
을 독학했고 1813년에 졸업
할 때까지 많은 피아노곡, 실
내악곡, 그리고 첫 교향곡까
지 작곡했다.

수준 높은 작품들을 잇달
아 내놓으며 장래가 촉망되던
슈베르트. 하지만 그는 베토
벤이 사망한 이듬해에 31세
나이로 요절했다. 모차르트보
다도 이른 죽음이었다. 요절
한 원인은 매독으로 알려진

프란츠 슈베르트

다. 지금이야 큰 스캔들일지 몰라도 매독은 당시 흔한 질병 중 하나
였다. 모차르트 또한 매독이었다는 설이 있다. 그만큼 놀라운 사인
은 아니라는 얘기다.

슈베르트는 모차르트만큼이나 신동이었고 천재 소년이었다. 앞
으로의 활약이 기대되던 신예 음악가가 재능을 꽃피우기도 전에 그
만 허망한 죽음을 맞이한 것이다. 사람들은 그의 비극적인 인생을
강조하기 위해 무명의 극빈함 속에 불행하게 죽었다고 말하기도 하
는데, 이는 실제와 많이 다르다.

당시 음악계에서 슈베르트 위치는 어느 정도였을까. 지금으로 비
유하자면 '업계 내에서는 알려져 있으나 대중적인 인지도는 낮은 뮤

지션'이었다. 이제 막 유명세를 타기 시작할 무렵에 급사하고 만 것이다. 살아생전 많은 예술가 친구가 그를 위해 살롱 연주회를 열어주는 등 지원을 아끼지 않았으며 가난하지도 않았다.

슈베르트를 낭만파로 규정하는 이유 중 하나는 가곡을 다수 작곡했기 때문이다. 태초부터 노래는 존재했다. 흔히 전통 민요라 불리는 이 노래는 누가 언제 작사 작곡했는지 알 수 없다. 악보가 남아 있지도 않다. 이런 노래와 구별해서 시에 곡이 붙은 노래를 '가곡'이라고 부른다. 참고로 슈베르트는 여러 시인이 쓴 시를 가사로 하여 음악을 작곡했다.

낭만파 특징 중 하나가 문학적 소재를 음악으로 만든 점이다. 낭만파 후기가 되면 바그너가 오페라를 문학과 미술과 음악을 융합한 종합예술로 선언하지만, 그 전에 이미 문학과 음악을 융합한 형태인 가곡이 존재했다. 그 선구적 역할을 한 인물이 슈베르트다.

슈베르트는 '가곡의 왕'으로 불린다. 살아생전 1,000곡 이상을 썼는데(미완성도 많다), 그중 600여 곡이 가곡이다. '들장미', '보리수' 등이 일본에서도 유명하긴 하나 본래 가사가 독일어이다 보니 일본에서 슈베르트 가곡은 그리 인기가 많지 않다.

'들장미'나 '보리수' 등은 일본어로 가사가 번역되었기에 유명세를 탈 수 있었다. 그러나 클래식 팬들 사이에서는 원어곡만 인정하는 분위기가 강해서 번안곡은 잘 듣지 않는다.

32
〈미완성 교향곡〉

 ♯

　슈베르트의 대표곡은 단연 〈미완성 교향곡〉이다. 이 곡은 슈베르트가 일찍 세상을 떠서 피치 못하게 미완성으로 남은 건 아니다. 사망하기 6년 전인 1832년, 어떤 이유로 도중에 작곡을 그만두면서 미완인 채로 남았다. 그러니 죽음과 사투를 벌이면서 끝까지 펜을 쥐고 있다가 안타깝게 미완성으로 남은 곡은 아니다.

　슈베르트의 교향곡에는 미완성 혹은 악보가 확인되지 않는 곡이 많아 완성도가 낮은 작품에도 번호를 붙여야 할지로 설왕설래가 이어졌다. 〈미완성 교향곡〉은 이전에는 제8번으로 불렸다가 요즘에는 제7번으로 불리는데, 1978년에 슈베르트 작품의 목록을 개정하면서 스케치만 남아 있던 슈베르트 교향곡 제7번은 교향곡에서 빼버렸기 때문이다.

　제7번이 미완성인 이유는 2악장까지만 온전히 남아 있어서다. 3악장은 서두의 몇 소절밖에 없다. 일반적으로 교향곡은 4악장까지 있으므로 슈베르트는 절반까지 쓰다가 중단했다고 짐작된다. 그 이유에 대해서도 여러 설이 난무한다. 다른 곡을 쓰기 시작하면서 잊어버렸다거나 2악장만으로도 이미 예술적으로 완성됐다고 판단했기 때문이라거나…….

누군가에게 의뢰받아 작곡한 곡은 아닌지라 작곡 동기나 중단의 이유는 결국 미궁 속에 빠지고 말았다. 누군가의 부탁을 받고 작곡했다면 진행 상황을 알리는 서신 교환이라도 했을 텐데 작품 얘기를 적은 기록은 전무하다. 덧붙이자면, 슈베르트의 〈미완성 교향곡〉을 다룬 독일 영화 〈미완성 교향악〉(윌리 프로스트 감독, 1933)에서 귀족 아가씨에게 실연당해 곡을 완성하지 못했다는 내용이 나오는데, 이는 완벽한 픽션이다.

2악장만 있는 교향곡 악보는 슈베르트 사후 37년이나 지난 1865년에 발견되었다. 생전에 친분을 가진 휴텐브레너라는 음악가가 줄곧 갖고 있었다고 한다.

교향곡 제7번 〈미완성〉 다음으로 발표된 교향곡 제8번은 4악장까지 완성한 작품인데, '그레이트'라는 부제로 불린다. 이는 영국 출판사가 붙인 것으로, 본인의 의사와는 무관하다. 〈그레이트〉는 1825년부터 무려 26년에 걸쳐 작곡되었는데, 연주 시간이 한 시간 넘는 대곡이라 그다지 무대에 오르지 않고 출판도 잘 안 되어 금세 잊혔다. 이를 슈베르트 사후 13년에 로베르트 슈만이 발굴했다. 라이프치히에서 살던 슈만이 빈을 찾았을 때 존경하는 음악가 슈베르트 본가에 갔다가 이 곡을 발견한 것이다. 그는 즉시 라이프치히에 사는 작

곡가이자 지휘자인 죽마고우 멘델스존에게 악보를 보냈고, 그렇게
1839년에 멘델스존의 지휘로 초연되었다.

33
로시니

이탈리아에서 바로크 시대에 태어난 오페라는 프랑스와 독일로 퍼져 인기 있는 음악 장르로 발전해갔다.

그러나 이후 오페라 본가인 이탈리아는 정체기에 빠진다. 그렇다고 음악가 명맥이 끊겼다는 뜻은 아니다. 작곡가도 여럿 탄생했고 작품도 꾸준히 발표되어 흥행을 거두기도 했으나 오늘날 상연되는 작품 리스트에 17, 18세기 이탈리아 출신 작곡가는 찾아보기 힘들다. 오히려 18세기 전반에 활약한 프랑스의 라모와 독일인이지만 영국에서 활약한 헨델의 오페라 작품이 최근 재평가되어 상연 기회가 늘어나는 추세다.

그러다 19세기에 이르러 이탈리아는 마침내 오페라 강국으로서 자존심을 회복한다. 천재성을 발휘한 조아키노 로시니(Gioachino Antonio Rossini, 1792-1868)가 등장하면서부터다.

로시니는 이탈리아 페사로에서 모차르트가 숨진 이듬해인 1792

년에 태어났다. 아버지는 도축
업에 종사하면서 트럼펫을 연
주했고 어머니는 가수로 활동
했다. 부모에게 음악적 기질을
물려받은 로시니는 어릴 때부
터 음악교육을 받았다. 12세
때 4중주곡을 만드는 등 작곡
에 남다른 재능을 보였으며,
14세 때 볼로냐 음악학교에
들어가 재학 중 오페라를 작
곡하는 등 천재성을 드러냈다.

조아키노 로시니

　그로부터 4년 후인 1810년, 18세 되던 해에 〈결혼보증서〉를 베
네치아에서 초연해 성공을 거두었다. 이것이 그의 정식 데뷔작이었
다. 2년 후 1812년에는 〈시금석〉을 스칼라 극장에서 초연해 선풍적
인 인기를 끌었다. 일약 스타덤에 오른 로시니는 1815년에 나폴리
의 산 카를로 극장의 음악감독으로 취임하면서 확고한 입지를 다졌
다. 그리고 1816년, 24세 때 발표한 〈세비야의 이발사〉가 공전의 히
트를 기록하면서 그는 세계적인 작곡가로 도약했다. 로시니 최고의
걸작이자 오페라의 기념비적 작품으로 평가받는 〈세비야의 이발사〉
는 지금도 각국 오페라극장에서 즐겨 공연되는 레퍼토리다. 프랑스
극작가 보마르셰가 쓴 희곡을 오페라로 만들었는데, 모차르트 오페
라 〈피가로의 결혼〉의 전날 이야기에 해당한다.

로시니의 작품은 이탈리아뿐 아니라 빈에서도 절정의 인기를 구가했다. 1823년에 그가 파리를 방문했을 때는 시민들의 열렬한 환호를 받았다고 한다. 오죽하면 프랑스의 대문호 스탕달이 '나폴레옹은 죽었지만 다른 영웅이 나타났다'라고 쓸 정도였을까. 뜨거운 환영에 감동했는지 이듬해부터 로시니는 파리로 거점을 옮겨 오페라 극장 음악감독으로 취임했다.

오페라의 살아 있는 전설로 군림하던 로시니. 하지만 1829년, 37세 때 작곡한 〈윌리엄 텔〉을 마지막으로 그는 돌연 은퇴를 선언했다. 프로 작곡가로 데뷔한 이래 20년간 39편의 오페라를 썼고 〈윌리엄 텔〉 이후에도 몇 가지 작품을 구상했지만, 결국 쓰지 않았다. 그렇게 오페라 작곡가로서 은퇴하고 44세 때부터는 볼로냐에서 여생을 보냈다.

로시니는 미식가로 유명했는데 직접 요리하는 것도 즐겨서 은퇴 이후에는 날마다 맛있는 음식을 먹느라 여념이 없었다고 한다. 혹자는 그것이 은퇴의 이유라고 농담 삼아 말하기도 한다.

하지만 진짜 은퇴 이유로 시대적 변화를 드는 사람도 있다. 로시니는 깨달았다, 자신의 오페라 시대가 저물었다는 것을. 로시니의 오페라가 세계적인 성공을 거두면서 이탈리아 오페라는 전성기를 맞이했다. 이후 도니체티, 벨리니처럼 재능 넘치는 젊은 작곡가들이 등장하는데 시간이 흐르면서 참신한 차세대 작곡가의 작품에 비해 로시니의 오페라는 점점 시대에 뒤떨어진 느낌이 들었어도 무리가 아닐 터다.

인세제도가 확립된 덕분에 작품이 상연될 때마다 극장에서 수입이 들어온 점도 연관이 있었으리라. 힘들게 신곡을 발표하지 않아도 풍족한 생활을 누릴 수 있으니까 말이다. 동시대 작곡가 베토벤이 죽을 때까지 비극적인 운명에 맞서 고군분투한 것과는 상당히 다른 삶이었다. 그래서일까. 로시니의 오페라에는 특유의 밝고 경쾌한 분위기가 느껴진다.

제4장

전기 낭만파

34
낭만파

℃

    고전파 이후 낭만파라는 음악 사조가 탄생하는데, 시기적으로는 19세기부터 20세기 초까지가 해당된다.

    낭만파 시대는 시기가 길어 1850년경을 경계로 전기, 후기가 갈린다. 때마침 1850년 전후로 18세기에서 19세기 초반에 태어난 작곡가들이 사망했고 1848년의 프랑스 2월 혁명을 신호탄으로 유럽 곳곳에서 혁명이 발발해 사회가 격변했기에 1850년을 기준으로 삼는 것이다.

    흔히 '낭만'이라고 하면 가슴 설레는 연애나 꿈과 모험 같은 이미지가 떠오른다. 하지만 낭만의 의미는 훨씬 광범위하다.

    '낭만', 즉 '로망(roman)'은 원래 '로마적'이라는 의미로 로마 제국의 로마를 가리킨다. 당시 로마 제국에는 두 종류의 공용어가 있었다. 지식 계층이 쓰던 라틴어와 서민층이 쓰던 로망스어가 그것이다. 그리고 로망스어로 쓰인 이야기를 로맨스라고 불렀다. 서민을 위한 오락 소설이니, 일본식으로 말하면 '통속문학' 또는 '대중문학'과 비슷하다. 이후에는 로망스어가 아니더라도 서민 오락을 위해 만들어진 이야기를 '로망'이라고 칭하기 시작해 민중문학 전반을 '로망스'라고 부르게 되었다. 이런 문학은 상상적 요소가 가미된 대중적인 이야기, 연애 이야기, 중세 기사 이야기 등이 대다수를 차지한다.

그렇다면 이런 이야기를 음악으로 묘사하면 낭만파 음악이 될까? 로맨스문학을 소재로 한 오페라는 분명 낭만파 음악의 대표 장르다. 하지만 낭만파란 그것만이 아니다. 낭만파는 기본적으로 현실 세계를 초월한 그 무언가를 표현하고자 했다. 이를 음악에 국한하자면, 낭만파는 고전파가 확립한 양식에서 벗어나 자유로움을 추구한 것이다. 그리하여 낭만파 시대 음악은 '뭐든지 마음대로'라는 정신이 중심이 된다. 요즘 콘서트에서 연주되고 CD로 발매되는 클래식 음악은 낭만파 시대의 작품이 대부분이다.

고전파 시대에는 형식이 중시된 반면, 낭만파 시대에는 정해진 틀에서 벗어나 자유로운 형식이 중시됐다. 작곡가들이 자기감정에 귀 기울이고 이를 표현하면서 표제 음악처럼 무언가를 묘사한 음악이 각광받기 시작했다. 낭만파 시대에는 문학과 회화와 음악의 관계가 그 어느 때보다 밀접해졌다.

악기도 질적으로 개량됐다. 특히 건반악기 중 피아노가 큰 소리를 낼 수 있게 되면서 작곡가들은 이런 피아노에 걸맞은 작품을 만들기 시작했다. 오케스트라도 규모가 점점 커졌는데, 대규모 공연장이 생기면서 많은 청중을 수용하게 된 점과 연관이 있다.

낭만파 시대의 또 다른 큰 특징은 '명곡'이 탄생했다는 점이다. 18세기까지 연주회는 기본적으로 작곡가가 자신의 신곡을 선보이는 자리였다. 다작은 필수였으며 지금껏 만든 곡과 비슷해도 좋으니 무조건 새 곡을 만들어야 했다.

하지만 19세기에 접어들면서 좋은 곡이 여러 번 연주되기 시작했다. 18세기까지만 해도 작곡가는 연주가도 겸했기에 자작곡이 주류였지만, 이 무렵부터 작곡가가 사망한 과거 명곡이 살아 있는 명연주가에 의해 연주되기 시작한 것이다.

작곡가들은 생각했다. 금방 잊힐 작품을 많이 만들기보다 적더라도 영원히 연주될 명곡을 남기자고. 그렇게 작곡가들은 시간과 정성을 들여서 온 힘을 다해 곡을 만들었다. 한 곡 한 곡마다 필사의 노력을 기울이다 보니 작품 수는 줄었고, 수백 곡을 남기는 다작가도 예외적인 존재가 되었다.

작곡가와 연주가가 분리되면서 명연주가도 탄생했다. 같은 곡을 여러 사람이 연주하게 되니 누가 더 잘하는지 비교가 가능해진 것이다.

그러자 이번에는 어떤 곡이 명작인지, 누구의 연주가 좋은지에 대한 평론이 필요해졌다. 이처럼 음악가를 둘러싼 시대 변화는 점점 새로운 음악을 만들어 나아갔다.

35
피아노

¢

　클래식 음악에 사용되는 악기는 무수히 많다. 그중에서도 단연 손에 꼽는 것은 피아노다. 가장 많이 열리는 연주회도 실상 피아노 콘서트다. 피아노는 갈수록 기술적 발전을 거듭했는데, 고전파에서 낭만파로 옮겨가는 시기에 이르러 현재의 피아노와 가까워졌다.

　피아노와 오르간은 둘 다 건반악기이지만 소리를 내는 근본적 원리는 다르다.

　피아노는 건반을 누르면 건반 안쪽에 있는 해머(망치)가 그에 연동되는 현을 두드려 소리를 낸다. 넓은 의미에서 타악기라고도 할 수 있다. 음의 강약은 건반을 칠 때 힘으로 제어한다. 세게 치면 큰 소리가 나고 약하게 치면 작은 소리가 나는 식이다. 소리는 시간과 함께 줄어드는데, 두드리는 순간이 가장 큰 소리다.

　반면 오르간은 건반을 누르면 연동된 파이프에 가압된 공기를 보내 소리를 낸다. 넓은 의미의 관악기라고 할 수 있다. 소리의 강약을 미세하게 제어하기는 어렵지만, 안정적으로 지속되는 소리를 낼 수 있다. 이처럼 소리를 내는 원리가 다르니 두 악기의 음색 또한 다르다.

오르간은 종교 음악에 사용되는 악기라서 교회에 주로 설치되고 일반 콘서트에서는 좀처럼 볼 일이 없다.

피아노와 비슷한 또 다른 건반악기가 '쳄발로'다. 이 명칭은 독일어인데, 프랑스어로는 '클라브생'이라 하고 이탈리아어로는 '클라비쳄발로'라고 한다. 영어로는 '하프시코드'다. 1397년에 적힌 책에 쳄발로 이야기가 실려 있었다니, 적어도 그 이전부터 존재했음을 알 수 있다. 말하자면 600년 이상의 역사를 가진 셈이다. 피아노는 해머로 현을 두드려 소리를 내지만 쳄발로는 건반을 누르면 연동된 발목(撥木, 줄을 튕기는 데 쓰는 작은 나무조각)이 현을 튕겨 소리를 낸다. 이를 발현악기라고 한다. 기타나 거문고와 소리 내는 원리가 비슷한데, 약점이 하나 있다. 바로 소리의 강약을 줄 수 없다는 것이다.

그래서 현을 두드리는 피아노가 고안되자 쳄발로는 역사의 뒤안길로 사라졌다. 물론 여전히 쳄발로 특유의 소리를 좋아하는 사람이 있어서 완전히 사라진 건 아니지만 말이다.

피아노는 언제 발명되었을까. 대략 1700년 전후로 추측된다. 여기서 잠시 어원을 살펴보자면 피아노는 본래 음악 용어로 '약하게'라는 뜻을 지닌 이탈리아어다. 그 반대말인 '강하게'는 '포르테'라고 하는데, 초기 피아노는 '부드럽게 또는 크게 울리는 쳄발로 (gravecembalo col piano e forte)'라고 불렸다. 요컨대 '강약을 낼 수 있는 쳄발로'라는 의미다. 그것이 생략되어 '피아노 포르테' 혹은 '포르테 피아노'가 되었고, 나중에는 포르테도 떼고 피아노로 정착되었다. 일본인은 피아노라는 말을 악기 외에는 사용할 일이 없지만, 이탈리아인은 일상에서 '약하게'라고 쓸 때 피아노라는 말을 빈번하게 쓴다. '오늘은 음을 약하게 연습했어'처럼 말이다.

19세기 중반에 피아노는 극적으로 개량되어 이후 피아노는 '모던 피아노'라고 불렸고, 이전의 피아노는 '포르테 피아노' 혹은 '피아노 포르테'라고 불렸다. 요즘은 모던 피아노에서 그냥 피아노라고 부른다.

피아노는 18세기 후반 빈에서 한 번 개량이 진행된 바 있는데, 당시 활약한 음악가가 모차르트다. 모차르트는 피아노 개량에 힘입어 피아노 소나타와 피아노 협주곡을 발전시켰고, 베토벤은 이를 더욱 높은 경지로 끌어올렸다.

19세기, 1830년을 전후로 파리는 악기 명가의 중심지로 우뚝 섰다. 당시 파리에는 '에라르'와 '프리엘'이라는 양대 브랜드가 있었는데 리스트는 에라르와, 쇼팽은 프리엘과 전속계약을 맺었다. 마치 운동선수가 운동기구 브랜드와 계약하는 식으로 말이다.

악기 브랜드의 기술혁신과 음악가, 연주가 들의 예술적 욕구가 맞아떨어지면서 피아노 음악은 눈부신 발전을 거듭했다. 그리하여 주옥같은 피아노 걸작들이 잇달아 탄생했다.

36

표제 음악과
절대 음악

♩

초보자들은 왜 클래식 음악을 어렵게 느낄까? 그 이유 중 하나가 무엇을 묘사하는지 모른다는 데 있다. 알고 보면 노래나 오페라 외의 음악은 무언가를 묘사하는 게 아니다. 작곡가들은 그저 음악 그 자체로 음악을 만들었을 뿐이다. 다섯 번째 교향곡이면 교향곡 제5번이고, 피아노 소나타 세 번째 곡이면 피아노 소나타 제3번이다. 그게 전부다.

하지만 밋밋한 제목으로는 팔리지 않으리라 생각한 기획자나 악보 출판사가 '운명', '고별' 등 마음대로 애칭을 붙여 마치 작곡가가 붙인 양 유포시켰다. 확실히 그런 애칭을 붙이면 단순한 번호보다는 잘 외워지고 호기심을 불러일으키기는 한다.

'영웅'이면 위엄 넘치는 영웅의 모습이 떠오를 것 같고, '비창'이면 슬프고 절망적인 감정이 느껴질 것만 같다. 그러나 베토벤 교향곡 제3번 〈영웅〉은 영웅의 생애나 활약상을 담은 곡이 아니다. 차이콥스키 교향곡 제6번 〈비창〉도 완성된 후에 붙여진 제목이지, 비극을 묘사하려고 만든 곡이 아니다.

이처럼 제목이 붙은 음악은 친숙하게 다가오긴 하지만, 그만큼 오해하기도 쉽다. '영웅'이나 '비창' 같은 제목은 작곡가가 직접 붙인 제목이 아니므로 제목이 붙은 표제 음악으로 헷갈리기 쉽다.

'표제 음악(program music)'이란 일반적으로 '문학이나 회화 등 음악 외의 관념이나 표상을 토대로 묘사한 음악'을 뜻한다. 하지만 선행하는 문학이나 미술 작품이 없는 경우도 있어서 '작곡가의 머릿속에 떠오른 어떤 상념에 따라 작곡한 음악'이라는 설명도 성립된다. 혹은 작곡 후에 작곡가가 듣는 사람이 오해하지 않도록 해설의 의미로 표제를 붙인 음악도 있는 등 표제 음악의 정의는 상당히 광범위하고 복잡하다. 어쨌든 표제 음악이 등장하면서 가사가 있는 노래나 오페라만이 아니라 오로지 악기 연주만으로도 정경이나 감상 또는 스토리를 묘사하게 되었다.

그러자 이에 반대하는 사람들도 나타났다. '표제 음악은 옳지 않다. 음악은 음악 그 자체여야 한다'는 주장을 하면서 이들은 표제 음악에 대립하는 의미로 '절대 음악(absolute music)'이라는 말을 만들어냈다.

바흐나 하이든 시대에는 표제 음악이라는 말조차 없었기에 절대 음악이라는 말도 없었지만, 그들의 기악곡은 절대 음악으로 정의된다.

브람스는 독일의 낭만파이면서도 절대 음악을 고수했다. 그가 만든 교향곡 네 작품에는 표제가 없다. 낭만파 시대에 유행하던 교향시나 오페라도 쓰지 않았다.

반면 베를리오즈는 베토벤의 〈전원 교향곡〉에서 영감을 받아 대표적인 표제 음악인 〈환상 교향곡〉을 작곡했다. 그런 의미에서 〈전원 교향곡〉은 표제 음악의 선구적 작품으로 보기도 한다. 그러나 이 곡이 외면상 표제 음악의 형식을 띠고는 있으나 전원의 정경을 묘사한 게 아니라 전원에 머무를 때의 감정을 묘사한 것이므로 절대 음악이라는 주장도 있다.

비단 〈전원 교향곡〉뿐만이 아니라 베토벤의 작품은 절대 음악 같으면서 표제 음악 같기도 하고 그 반대인 경우도 많아서 정의하기가 꽤 까다롭다.

37

〈사계〉
〈혁명〉
〈비창〉

𝄵

클래식 음악의 제목은 작곡가 본인이 붙인 것과 출판사가 사후(혹은 생전)에 마음대로 붙인 것, 일본에서만 그렇게 불리는 것 등 다양하다.

그중에는 이름만 같은 곡들도 제법 있다. 소설이나 영화에도 제목은 같지만 내용이 전혀 다른 것이 있으니, 제대로 구별만 하면 큰 문제는 없다.

대표적인 예가 〈사계〉다. 비발디의 바이올린 협주곡 〈사계〉 외에도 하이든의 오라토리오 〈사계〉, 차이콥스키의 피아노 모음곡 〈사계〉도 유명하다. 하이든의 작품은 영국 시인 제임스 톰슨이 쓴 장대한 서사시 〈사계〉를 독일어로 번역해 오라토리오로 만들었는데, 장장 두 시간이 넘는 대작이다. 오라토리오는 노래와 악기로 서사시를 연주하는 음악극인데, 오페라처럼 의상을 입고 연기하지 않기에 큰 도구나 소품이 없다. 교회 음악에서 성경을 소재로 한 작품이 대부분이다.

차이콥스키의 피아노 모음집 〈사계〉는 1월부터 12월까지 12곡으로 이루어져 있는데, 각각 러시아 시인이 쓴 시의 이미지를 음악으로 만들었다. 참고로 러시아 작곡가 글라주노프도 〈사계〉라는 발레곡을 작곡한 바 있다.

남미 아르헨티나의 작곡가 아스토르 피아졸라도 〈부에노스아이레스의 사계〉라는 작품을 만들었다. 이 작품을 클래식으로 볼지는 여전히 논쟁거리지만, 피아졸라가 탱고를 단순한 댄스 음악에서 감상하는 예술의 경지로 끌어올린 위대한 음악가라는 사실을 부정할 사람은 없으리라. 최근에는 클래식 연주가들이 그의 곡을 자주 연주한다. 〈부에노스아이레스의 사계〉는 봄·여름·가을·겨울 네 곡으로 구성되는데, 처음에는 여름만 만들었다가 반응이 좋자 나머지 계절도 만들었다. 라트비아 출신의 세계적인 바이올리니스트 기돈 크레머가 피아졸라의 〈사계〉와 비발디의 〈사계〉를 '에잇 시즌스'라는 제목으로 연주하고 녹음해 화제가 됐다.

같은 제목의 다른 곡으로 〈혁명〉도 있다. 쇼팽의 연습곡 작품 10의 제12곡과 쇼스타코비치의 교향곡 제5번이 대표적이다. 러시아가 고국 바르샤바를 침공했다는 소식을 들은 쇼팽은 분노에 찬 감정을 그대로 곡에 담았는데, 그 곡이 〈혁명〉이다. 하지만 쇼팽 본인이 이 제목을 붙인 건 아니다. 쇼스타코비치의 〈혁명〉은 그가 소련 공산당 정권에 눈엣가시가 되어 입지가 위태로울 때, 혁명의 승리를 그려서 재기에 성공한 작품이다. 일본에선 이런 에피소드 때문에 '혁명'으로 부르지만 애당초 쇼스타코비치가 붙인 곡명도 아니고 러시아에서도 그렇게 부르지 않는다.

〈비창〉 하면 베토벤의 피아노 소나타와 차이콥스키의 교향곡이 유명하다. 베토벤의 피아노 소나타 중에는 〈월광〉, 〈열정〉, 〈템페스트〉 등 제목화한 곡이 많지만 대부분 악보 출판사나 공연 기획자가 멋대로 지은 것에 불과하다. 베토벤이 직접 붙인 곡은 〈비창〉과 〈고별〉뿐이다.

차이콥스키의 〈비창〉에 대해서는 이후 자세히 설명하겠지만, 초연 후 출판사가 제목을 붙여달라고 요청하자 차이콥스키가 '비창'을 선택했다고 한다. 베토벤을 의식했는지는 모를 일이다. 덧붙이자면 러시아 작곡가 스크랴빈 연습곡에도 〈비창〉이 있다.

38
파가니니

¢

너무나도 기교가 뛰어난 나머지 도저히 인간이라고는 생각되지 않던 바이올리니스트. 사람들이 악마에게 영혼을 판 대가로 초인적인 기교를 얻었다고 굳게 믿었던 바이올리니스트. 그 주인공은 바로 음악 역사상 가장 뛰어난 바이올리니스트이자 현대 바이올린의 테크닉을 완성한 니콜로 파가니니(Niccolò Paganini, 1782-1840)다.

이탈리아에서 태어난 파가니니는 12세 때 첫 콘서트를 열면서 천재 소년으로 데뷔했다. 유명한 음악가는 보통 신동으로 데뷔하는데, 그에게는 신동이라 부를 만한 유년기 전설이 없다. 그도 그럴 것이 바이올린을 배우기 시작한 게 7세 때인데, 신동이라 부르기엔 늦은 나이였기 때문이다.

첫 번째 콘서트가 성공을 거두고 큰돈이 수중에 들어오자 아버지는 아들의 연주 투어에 매진하며 돈벌이에 혈안이 되었다. 지금이라면 아동학대로 처벌받았을지도 모른다. 아버지의 지독한 수전노 기질을 물려받았는지, 파가니니 는 역사상 가장 테크닉이 뛰어난 음악가이자 가장 인색한 음악가로도 명성이 자자했다. 인기가 날로 상종가를 치면서 파가니니는 거액의 출연료를 요구하는데, 덩달아 티켓값도 터무니없을 만큼 비싸져서 위조 표가 나돌 지경이었다. 그러자 파가니니는 스스로 콘서트장 입구에 서서 위조 표를 검사하며 표를 끊어주었다고 한다.

니콜로 파가니니

　파가니니에게는 평생 '악마에게 영혼을 팔았다'라는 꼬리표가 붙어 다녔는데, 이는 단순한 비유가 아니었다. 당시 사람들은 진심으로 그렇게 생각했다. 그런 소문이 돈 배경에는 타의 추종을 불허하는 테크닉과 더불어 기괴한 풍모도 한몫했다. 타고난 병약 체질로 몸이 바싹 야위고 피부는 거무스름했으며 손과 손가락이 거미처럼 비정상적으로 길었다고 한다. 그 때문에 파가니니가 마르판 증후군을 앓았다는 주장을 펼치는 사람도 있다. 이 병은 손가락이 과도하게 길어지고 관절이 부드러워진다는 특징이 있다. 초인적이고 악마적인 기교는 이 병에서 비롯되었다고도 전해진다. 그런 만큼 그의 용모도 악마를 연상시키기에 충분했다.

그가 정말 마르판 증후군이었는지 확실한 증거는 없다. 당시 사람들은 이 병에 대한 지식이 있을 리 만무했으니, 그저 진심으로 그가 악마와 거래했다고 믿을 따름이었다. 그래서 파가니니 콘서트에서 그의 연주를 보며 성호를 긋는 사람이 많았다고 한다. 무섭지만 자꾸 보고 싶어지는 공포영화처럼 그의 콘서트는 언제나 대만원이었다. 사람들은 그의 테크닉에 경악했으며 열렬한 환호와 갈채를 보내면서도 자기들끼리는 이렇게 소곤댔다.

"역시 그는 악마가 틀림없어!"

심지어 교회도 이 소문을 진지하게 믿었다. 파가니니가 57세 나이로 사망하자 교회가 나서서 매장을 거부했다. 혹여 악마의 저주를 받을까 봐 두려웠던 탓이다. 결국 시신은 방부 처리된 채 이탈리아 각지를 전전하다 사후 86년이나 지난 1926년에야 제노바의 한 공동묘지에 안장되었다. 그가 얼마나 두려운 존재였는지 보여주는 사건인 동시에 유럽의 기독교가 악마를 얼마나 맹신했는지 알려주는 일화다. 신을 열렬하게 믿는 사람은 악마도 열렬하게 믿는다.

파가니니는 자신의 기교를 뽐내기 위한 곡만 작곡했다. 살아생전 자기 작품의 악보 출판을 허락하지 않았는데, 오케스트라와 협연할 때는 연주 직전이 되어서야 단원들에게 악보를 나눠주었다. 연주가 끝나면 곧바로 회수하여 갔음은 물론이다. 행여 남이 무단으로 빼돌려 해적판 악보가 나돌까 봐 두려웠던 모양이다. 당시 악보 출판은 처음 출판될 때 출판사로부터 돈을 받았지만 저작권은 아직 확립되지 않았기에 지금과 같은 인세 개념이 없었다. 그 때문에 아무리 곡이 많이 팔려도 작곡가에게 수입은 들어오지 않았고 그만큼 무제한 복제가 가능했다.

오케스트라 입장에서는 리허설 없이 바로 연주에 들어가야 했으니, 여간 난감한 게 아니었으리라. 하지만 파가니니는 개의치 않았다. 어차피 자신이 작곡한 바이올린 협주곡은 오직 바이올리니스트의 악마적인 테크닉만 과시하면 그만이었으니까. 그래서일까. 파가니니 바이올린 협주곡 중 명곡이라고 부를 만한 것은 없다.

오늘날 연주되는 파가니니 자작곡은 대부분 바이올린 독주곡인 〈24개의 카프리스〉다. 180년 남짓 전에는 '악마에게 영혼을 팔지 않으면 칠 수 없다'고 여겨진 고난도 곡이 지금은 어린 학생들이 연주하는 콩쿠르 과제곡이 되었다. 놀라운 테크닉의 진보다.

39

프랑스
음악

₵

프랑스 음악 하면 낭만적인 느낌이 강하다. 형식을 중시하는 독일 음악이 무겁고 진지한 느낌이라면, 자유롭게 형식을 넘나드는 프랑스 음악은 가볍고 화려한 느낌이다.

프랑스는 이탈리아의 영향을 받아 음악이 성행했고 어느 시기까지는 독일보다 음악에서 앞선 선진국이었다. 왕조 시대에는 쿠프랭이나 라모 같은 작곡가들이 하프시코드, 오르간, 관현악 작품을 많이 썼다. 이처럼 프랑스에는 성악보다 기악 전통이 강하다. 그러나 기악곡에서도 독일처럼 뚜렷한 형식을 확립해 나아가진 않았다. 자유로운 발상이 가득한 곡이 대부분이었다.

프랑스 혁명 후 프랑스 음악은 정체기를 맞이했다. 정체기라고 음악을 듣지 않게 된 건 아니다. 오히려 그 반대다. 프랑스 혁명으로 시민계급이 대두되자 파리는 거대한 음악 소비 도시로 거듭났다. 파리에서 소비되는 음악은 프랑스인이 만든 음악이 아닌, 이탈리아나 독일 작곡가가 쓴 오페라와 폴란드에서 온 쇼팽 음악이었다.

베를리오즈는 프랑스가 자랑하는 세계적인 작곡가로, 독일의 리스트(태생은 헝가리이지만 독일어권에서 활약했다)는 그에게 깊은 영감을 받아 '교향시'라는 장르를 발전시켰다.

프랑스에서 탄생한 장르로 오페레타가 있다. 일종의 소형 오페라로서 '경가극', '희가극' 등으로 번역된다. 기본은 가극에 춤이 더해지고 해피엔드로 끝나는 희극이다. 일본에서는 무게감이 없다는 이유로 인기가 없지만 프랑스에서 탄생했을 당시, 빈에서 큰 인기를 얻었고 오히려 파리보다 성행했다. 오페레타의 대표적 작곡가가 〈천국과 지옥〉으로 명성을 날린 오펜바흐다. 대중문화 시대를 맞이한 제2 제정 시대 속 파리에서 오페레타는 상당한 인기를 구가했다.

파리에서 태어난 오페레타가 빈에서 발전한 것과 반대로 독일 바그너의 영향력은 파리로 점점 퍼져나갔다. 중후하고 장대한 오페라가 주목받은 것이다. 하지만 커다란 복병이 있었다! 바그너가 유행할수록 프랑스는 바그너 작품에서 진하게 배어 나오는 독일 민족주의에 거부감을 느낀 것이다. 그리고 이는 프랑스인이 작곡한 오페라가 탄생하는 계기로 작용한다.

19세기 후반이 되자, 프랑스 국민이 그토록 염원하던 프랑스 작곡가가 만든 오페라가 등장한다. 대표적인 작곡가가 구노다. 〈파우스트〉, 〈로미오와 줄리엣〉 등 현재까지도 무대에 오르는 작품들이 그로부터 탄생했다. 이 무렵부터 프랑스 오페라는 부흥기를 맞이한다.

그 뒤를 이어서 등장하는 인물이 〈카르멘〉의 비제다.

샤를 구노   자크 오펜바흐

이후 마스네가 등장해 〈마농〉, 〈타이스〉, 〈베르테르〉 등 소설을 원작으로 한 오페라를 잇달아 발표했다. 이들 작품은 인기가 많았지만, 통속적이라는 비판도 받았다. 바그너가 만들어낸 라이트 모티브 기법을 사용하면서도 발랄한 가벼움이 담겨 있는데, 바로 그런 프랑스적 감성이 '지나치게 통속적이고 달콤하다'는 지적을 받은 것이다.

40
베를리오즈

¢

클래식 작곡가라고 하면 어딘가 고고한 성인군자 같은 이미지가 있다. 음악실에 걸린 음악가 초상화 대부분이 나이가 든 모습이어서 일까. 도저히 연애와는 인연이 없을 것만 같다. 그러나 그들에게도 뜨거운 청춘시대는 있었을 터다.

피 끓는 청춘의 작곡가가 좋아하는 여인의 마음을 얻고자 작곡한 곡이 루이 엑토르 베를리오즈(Louis-Hector Berlioz, 1803-1869)의 〈환상 교향곡〉이다. 생각하기에 따라 가장 불순한 동기 같기도 하고 가장 순수한 동기 같기도 하다.

5분 정도의 러브송이라면 적당히 재능 있는 사람에게도 가능할지 모르겠다. 하지만 베를리오즈의 러브송은 장장 한 시간에 가까운 교향곡이다. 이쯤 되면 사랑에 빠진 상대가 대체 어떤 여성인지 자못 궁금해지지 않는가.

베를리오즈는 프랑스 지방에서 의사의 아들로 태어났다. 아버지

해리엇 베를리오즈   엑토르 베를리오즈

는 아들이 가업을 이어 의사가 되기를 원했고, 베를리오즈는 아버지
뜻대로 파리의 의과대학에 진학했다. 그런데 지방에서 올라온 청년
에게 대도시 파리는 문화충격 그 자체였다. 특히 음악의 매력에 푹
빠진 그는 의학 공부를 그만두고 작곡가가 되겠노라 결심했다.

　1827년 어느 날, 파리에 영국 셰익스피어 극단이 공연을 하러 왔
다. 베를리오즈는 그 극단이 공연하는 연극 〈햄릿〉을 보러 갔다가
오필리아 역의 여배우 해리엇 스미슨에게 그야말로 한눈에 반하고
말았다. 그는 그녀에게 열렬히 구애하지만, 당시 인기 절정의 여배
우이던 그녀가 무명의 청년을 상대해줄 리 만무했다. 그렇다. 간단
한 말로 실연을 당한 것이다. 누가 생각해도 당연한 결과였건만, 그
는 포기하지 않았고 지독한 상사병에 시달렸다.

베를리오즈는 이루어질 수 없는 사랑으로 괴로워하는 마음을 음악으로 만들었다. 그렇다고 '해리엇, 사랑해' 따위의 1차원적 곡으로 생각하면 곤란하다. 〈환상 교향곡〉의 내용은 다음과 같다.

과도하게 민감한 감수성과 풍부한 상상력을 지닌 젊은 예술가가 사랑의 고통으로 아편을 복용해 자살을 시도하지만, 용량이 부족해 끝내 죽음에 이르지 못하고 깊은 잠에 빠진다. 그는 기괴한 꿈을 꾸는데, 감각이나 정서나 기억이 병든 마음속에서 음악적 이념과 영상으로 변형된다. 연인의 모습도 고정악상이라는 선율이 되어 끊임없이 떠다닌다.

물론 여기서 말하는 '젊은 예술가'는 베를리오즈 자신이다. 그가 실제로 아편에 취해 자살을 시도했는지는 알 수 없으나 그와 비슷한 정신착란 상태가 아니었을까.

이렇게 청춘의 열병으로 완성된 곡이 바로 낭만파 음악의 서막을 연 걸작 〈환상 교향곡〉이다. 총 5악장으로 구성된 이 작품은 악장마다 제목이 붙어 있다. '꿈·열정', '무도회', '들 정경', '단두대로 가는 행진', '마녀들의 밤 향연의 꿈'이 그것이다.

베를리오즈는 그해 프랑스 신인 작곡가 등용문인 로마상을 수상하는데, 〈환상 교향곡〉이 수상작은 아니었다. 그는 과거에 세 번이나 응모했지만 지나치게 파격적이라는 이유로 낙선을 거듭했다. 네 번째로 응모할 당시에는 상금이 필요했기에 일부러 보수적인 심사위원들의 취향에 맞는 곡을 써서 응모했고 마침내 수상했다.

로마상 수상과 〈환상 교향곡〉으로 일약 유명인사로 등극한 베를리오즈. 그는 그토록 연모하던 해리엇과 결혼에 골인하지만 몇 년 못가 파경을 맞이했다. 거창한 이유는 없었다. 그저 '사랑은 환상, 결혼은 현실'이라는 너무도 흔해 빠진 결말이었을 뿐이다.

정열적인 사랑은 실패로 끝나지만 그가 만든 〈환상 교향곡〉은 표제 음악이라는 새로운 장르를 확립했고, 리스트가 교향시라는 장르를 탄생시키는 데 결정적으로 기여했다.

41

멘델스존

¢

1809년은 하이든이 죽은 해이자 펠릭스 멘델스존(Felix Mendelssohn, 1809-1847)이 태어난 해이기도 하다. 베토벤의 교향곡 〈운명〉과 〈전원〉이 초연된 이듬해다. 1810년에는 슈만과 쇼팽이, 1811년에는 리스트가 태어났다. 이처럼 전기 낭만파의 핵심 인물이 이 3년이라는 기간에 모두 등장했다.

일본에서는 멘델스존이라 불리는데, 정식 이름은 매우 길다. 야코프 루트비히 펠릭스 멘델스존 바르톨디(Jakob Ludwig Felix Mendelssohn-Bartholdy)다.

멘델스존은 모차르트처럼 '신동 → 천재 소년 → 요절'이라는 생애를 거친 작곡가다. 꽃미남 음악 천재 멘델스존은 부유한 은행가의 아들이었기에 생계를 걱정할 필요가 없었다. 비극적인 이미지가 있지만 알고 보면 그처럼 복 받은 사람도 드물다.

아버지가 막대한 부를 축적한 자산가였고, 할아버지는 저명한 유

펠릭스 멘델스존

대계 철학자로서 칸트에게 영향을 준 인물이었다. 함부르크에서 태어났지만, 1812년부터 베를린으로 이주한 까닭에 함부르크에 관한 기억은 거의 없었다. 어린 시절부터 누나와 함께 바흐의 제자이던 어머니에게 음악을 배웠고 9세 때 피아니스트로 데뷔했다. 부모는 음악에 한정하지 않고 전반적인 교양을 알려주는 우수한 과외 선생을 고용했다. 저택에서는 정기적으로 멘델스존과 누나의 연주회가 열렸고, 베를린의 내로라하는 명사들과 지식인들이 모였다고 한다.

1826년, 멘델스존은 17세 때 셰익스피어 희곡을 음악으로 만든 〈여름밤의 꿈〉 서곡을 작곡하면서 작곡가로서 이름을 알렸다.

멘델스존의 업적 중 하나로 바흐의 재발견을 빼놓을 수 없다. 1829년, 멘델스존은 자비를 들여 바흐의 〈마태 수난곡〉을 직접 지휘하며 무대에 올렸다. 공연은 대성공을 거두었는데, 이 곡이 세계적으로 널리 알려지는 결정적 계기가 되었다. 멘델스존은 슈베르트의 숨겨진 곡도 되살렸다. 평소 친했던 슈만이 슈베르트 교향곡 제8번

〈그레이트〉 악보를 발견했고, 그것을 멘델스존이 초연한 것이다.

이처럼 멘델스존은 작곡가뿐 아니라 지휘자로서도 능력이 출중했다. 지휘자를 독립적인 위치로 격상시킨 사람이 멘델스존이었다. 그때까지 지휘자는 오케스트라에 등을 돌리고 객석을 바라보며 지휘했다. 손을 흔들어 음악의 시작 신호를 보내거나 박자에 따라 음을 맞추는 역할이 전부였다. 하지만 멘델스존은 지휘자가 오케스트라 쪽을 향하게 하고 단원들에게 이 곡을 어떻게 연주할지 음악적 해석을 전달했다. 지금의 지휘자 역할이 멘델스존에 의해 확립된 셈이다.

1835년, 26세가 된 멘델스존은 라이프치히의 게반트하우스 오케스트라 지휘자로 임명되었다. 그는 지휘법을 확립하고 오늘날 오케스트라 콘서트의 프로그램 형태를 만들었다. 동시대 신곡만 연주하던 콘서트 시장에 고인이 된 작곡가의 훌륭한 음악, 즉 '과거의 명곡'이라는 신상품을 출시한 것이다. 멘델스존은 바흐에 이어 베토벤도 콘서트 레퍼토리로 부활시켰다. 이처럼 그는 오늘날 클래식 음악 흥행의 기틀을 마련했다고 봐도 무방하다.

작곡가로서도 5개의 교향곡, 바이올린 협주곡을 비롯해 피아노 곡집 〈무언가(無言歌)〉 등 낭만파 명곡을 남겼다. 〈무언가〉는 역설적인 제목인데, 피아노곡이라 원래 가사가 없지만 노래 같은 곡이라는 의미에서 그런 제목이 붙었다.

멘델스존은 라이프치히에서 빛나는 명성을 얻지만, 베를린에서는 유대인이라는 이유로 탄압받았다. 1847년 사랑하는 누나가 세상을 뜨자 반년 후 뒤를 쫓아가듯 38세 나이로 요절했다.

42
슈만

¢

로베르트 슈만(Robert Schumann, 1810-1856)은 작곡 외에도 음악 평론을 확립하고 슈베르트 교향곡을 발견하는 등 여러 공적을 남겼다.

슈만은 1810년에 독일 작센에서 5형제 중 막내로 태어났다. 출판업을 하던 아버지의 영향이었는지 어릴 적부터 문학에 범상치 않은 소질을 보였다. 그러다 16세 때 누나가 자살하고 아버지도 사망하는 등 예기치 않은 비극을 겪었다. 유산 덕분에 생활이 곤궁해지지는 않았는데, 법률을 공부하고자 대학에 진학했다. 그때까지 작곡이나 악기 연주를 제대로 해본 적은 없었다. 그런 그가 대학 재학 중인 1828년, 베토벤의 연주회에서 충격을 받았다. 베를리오즈도 비슷한 시기에 파리에서 베토벤의 곡을 듣고 〈환상 교향곡〉을 작곡했다고 하는데, 당시 베토벤이 청년들에게 전설적 존재였음을 알 수 있다.

음악에 눈뜬 슈만은 유명한 피아노 교사 프리드리히 비크를 만나면서 피아니스트가 되겠노라 마음먹었다. 그 교사의 딸이 이후 아내로 맞이하는 클라라다.

베토벤의 곡에 깊은 감명을 받아 피아노를 배우기 시작하지만, 나이 스물을 넘어 피아노를 시작한다는 건 어지간해서는 가망 없는 일이었다. 이는 지금도 마찬가지다. 적어도 프로 피아니스트가 되는 사람은 서너댓 살부터 시작하는 게 보통이다. 불행인지 다행인지 슈만은 2년 후에 손가락 사

로베르트 슈만

고를 당해 피아니스트 꿈을 단념하고 작곡가로 방향을 틀었다.

슈만이 작곡한 첫 곡은 1830년에 출간된 〈아베크 변주〉다. 이후 그는 피아노곡을 집중적으로 작곡하기 시작했다.

그 와중에 틈틈이 잡지에 음악 평론을 실었는데, 타고난 필력으로 호평을 받자 1834년에 음악 평론지 〈신음악잡지〉를 창간하며 편집장 겸 주필로 활약했다.

음악 평론가로서 슈만의 뛰어난 안목을 보여주는 사례가 쇼팽의 발굴이다. 그는 쇼팽의 비범한 재능을 일찌감치 알아보고 세상에 그의 이름을 널리 알렸다. 슈베르트의 마지막 교향곡 〈그레이트〉 악보를 발견한 것도 슈만이었다. 슈만은 평소 슈베르트를 깊이 존경했기에 1839년 그를 참배하기 위해 슈베르트의 형을 찾아갔다가 유품

을 받았다. 먼지와 함께 남겨진 악보 더미 속에서 〈그레이트〉 악보를 발견하는 슈만. 그는 평소 친하게 지내던 멘델스존에게 이 악보를 보여주었는데, 그 덕분에 〈그레이트〉는 멘델스존의 지휘로 세상의 빛을 볼 수 있었다.

그 무렵 슈만은 클라라와 연애 중이었다. 그녀의 아버지이자 스승의 격렬한 반대로 말미암아 결혼할 수 없었던 그들은 재판까지 가는 우여곡절 끝에 1840년, 마침내 결혼식을 올렸다.

슈만은 이후 피아노곡을 비롯해 수많은 가곡을 발표하며 사랑하는 여인과 부부가 된 기쁨을 표현했다. 1841년에는 교향곡 제1번 〈봄〉을 완성하는데, 이 작품은 멘델스존의 지휘로 초연되어 성공을 거두었다.

이 무렵부터 작곡가 슈만의 전성기가 시작되었다. 실내악곡과 오라토리오에도 착수하고 뒤셀도르프시의 음악 총감독으로 임명되는 등 승승장구했다. 하지만 1844년경에 정신질환을 앓으면서 그에게 시련기가 닥쳤다. 그럼에도 그는 작곡을 중단하지 않았다.

어릴 때부터 피아노 신동으로 주목받으며 최고의 피아니스트로서 명성이 자자했던 아내 클라라. 그녀는 슈만과 결혼 후 아이를 여덟 명이나 출산하면서도 틈틈이 연주 여행을 다녔다. 어린 아내의 재능과 명성이 질투를 불러일으킨 걸까. 정신질환이 점점 심해진 슈만은 급기야 1854년에 투신자살을 기도했다. 당시엔 미수에 그치지만 그 일로 말미암아 정신병원에 들어갔고, 결국 2년 뒤 병원에서 46세의 생을 마감했다.

43
클라라 슈만

$\mathdollar$

클라라 슈만(Clara Schumann, 1819-1896)은 가수를 제외하면 음악사에 등장하는 첫 여성 연주가이자 작곡가이다. 이전에 음악사에 나오는 여성은 바흐의 부인이나 모차르트의 누나처럼 남성 음악가의 가족으로 등장했지, 스스로 빛을 발한 연주가나 작곡가는 아니었다. 그런 의미에서 그녀는 본인이 직접 음악계에서 활약하며 음악사에 이름을 남긴 최초의 여성인 셈이다.

클라라 슈만은 1819년 라이프치히에서 태어났다. 남편 로베르트 슈만보다 아홉 살 연하였다. 아버지 프리드리히 비크는 당시 유명한 피아노 교사이자 음악 서점 경영자였다. 어머니는 피아니스트였는데 그녀가 6세 때 이혼했다.

클라라 슈만은 일찌감치 천재 피아니스트로 이름을 날렸다. 귀족혹은 부유한 집안 딸이나 부인이 피아노를 연주하는 경우는 있었지만, 어디까지나 고상한 취미생활의 일종이었지 재능을 꽃피우고 명

클라라 슈만

성을 누린 건 아니었다. 그러나 그녀는 여류 피아니스트로서 신드롬을 일으킨 최초의 인물이었다. 그녀가 콘테스트에서 우승하고 데뷔하는 코스를 거친 건 아니다. 당시에는 아직 콘테스트라는 관문이 존재하지 않았으니까. 다만 피아노 교사의 딸이었기에 일찌감치 아비지에게 재능이 발견되어 가정에서 착실히 교육받고 음악계에 데뷔한 것이다. 그녀는 피아노를 치면서 작곡 공부도 이어갔다.

로베르트 슈만이 비크의 제자가 된 건 1828년으로, 그녀가 9세 되던 해다. 그때는 아직 연인관계는 아니었는데, 로베르트 슈만이 다른 여자에게 실연당한 뒤부터 급격히 사랑에 빠졌다. 당시 그녀는 여성 피아니스트로서 절정의 인기를 구가하던 중이었다. 파리나 빈으로 연주 여행을 떠날 때마다 반응은 열광적이었다. 그녀가 당대 최고의 피아니스트로서 큰 명성을 누린 반면, 로베르트 슈만은 아직 재능을 인정받지 못한 신출내기 음악가에 불과했다.

비크가 두 사람의 결혼을 반대한 이유도 여기에 있었다. 로베르트 슈만은 손가락을 다치는 바람에 피아니스트 꿈을 포기하고 작곡가로 전향했지만, 성공에 대한 불안감이 있었다. 스승 입장에서도 제자가 음악사에 큰 발자취를 남기는 작곡가가 되리라고는 미처 생각지 못했던 것이다. 나이도 아홉 살이나 많은 데다 미래가 불확실한 남성에게 천재 음악가로 추앙받는 소중한 딸을 주다니 언 감생심이었으리라. 그러나 두 사람은 아버지의 반대에도 포 기하지 않았다. 법정 소송까

클라라 슈만과 로베르트 슈만

지 가는 다툼 끝에 1840년에 드디어 결혼했다.

두 사람의 결혼생활은 순조로운 듯 보였다. 클라라 슈만은 피아니스트 일도 병행하면서 로베르트 슈만을 전폭적으로 지원했다. 하지만 극도로 섬세하고 예민했던 로베르트 슈만은(예술가에겐 흔한 특성이지만) 이윽고 정신적 불안에 휩싸였다. 자기보다 유명하고 돈도 많이 버는 아내를 가진 자존심 강한 남성에게 일어나는 흔하디흔한 이야기다.

그러던 1853년 어느 날, 나름대로 음악계 유명인사인 로베르트 슈만에게 한 청년이 찾아왔다. 그가 바로 브람스다. 당시 로베르트 슈만은 43세, 클라라 슈만은 34세, 브람스는 20세였다.

로베르트 슈만은 젊은 브람스의 재능을 높이 평가했으며 브람스는 그를 존경해 자주 그의 집을 찾았다. 그러던 어느 날부터인가 로베르트 슈만은 클라라 슈만과 브람스 사이를 점점 의심하기 시작했고, 이는 그를 정신적으로 더욱 불안정한 상태로 몰아넣었다.

1854년, 로베르트 슈만은 투신자살을 감행했다. 그 사건으로 정신병원에 들어간 그는 1856년 병원에서 생을 마감했다.

브람스는 미망인이 된 클라라 슈만을 헌신적으로 보살폈다. 다른 여자와 연애하긴 했지만, 평생을 독신으로 지냈다. 1896년, 클라라 슈만이 숨을 거두자 이듬해 브람스도 세상을 떠났다.

44

쇼팽

¢

작곡가는 특별히 잘하는 장르가 있게 마련이지만, 거장으로 이름을 남기는 이들은 대개 여러 장르의 곡에 능숙하다. 그런 의미에서 평생 피아노곡만 쓴 프레데리크 쇼팽(Frédéric François Chopin, 1810-1849)은 꽤 이질적인 존재임이 틀림없다. 협주곡처럼 피아노와 오케스트라를 위한 곡도 있지만, 대다수가 피아노 독주곡이고 자신이 연주하기 위한 곡이었다.

피아노곡이라는 장르에만 몰두한 쇼팽이 여러 장르를 섭렵한 기라성 같은 작곡가들처럼 거장의 반열에 오른 이유는 뭘까. 이유는 간단하다. 그만큼 피아노곡에서 타의 추종을 불허하는 일인자였기 때문이다. 그는 탁월한 연주가였을 뿐 아니라 독창적인 피아노 양식을 발명한 혁명가이기도 했다. 쇼팽에 의해 피아노 음악이 확립되었다고 해도 과언이 아니다.

쇼팽은 1810년 폴란드 바르샤바 근교에서 태어나 바르샤바 음악

조르주 상드   프레데리크 쇼팽

원에 진학했다. 1829년에 음악원을 졸업한 뒤 빈으로 향하는데, 그곳에서 연주회를 열어 천재라는 극찬을 받았다. 성공적인 데뷔로 자신감을 얻은 쇼팽은 일단 고향으로 돌아갔다가 다시 빈으로 가겠노라 결심했다.

그 무렵 러시아의 통치를 받던 폴란드에서는 독립운동이 은밀히 전개되는 상황이었다. 1830년 11월, 쇼팽은 독립운동의 열망을 간직한 채 빈으로 떠났다. 며칠 뒤 바르샤바에서 시민봉기가 발발했다는 소식이 들어왔다. 당시 오스트리아와 러시아는 우호관계에 있던 까닭에 빈 사람들은 러시아에 반기를 든 폴란드 출신 쇼팽에게 냉담한 반응을 보였다고 한다.

쇼팽은 빈에서 별다른 성과를 얻지 못하고 런던으로 향했다. 여행 도중 바르샤바 시민봉기가 실패로 끝났다는 비보를 듣고 절망감 속에서 작곡한 작품이 에튀드 〈혁명〉이다. 결국 쇼팽은 런던행을 단념하고 파리에 정착했다. 1831년 가을의 일이었다. 전년도 7월에 일어난 '7월 혁명'으로 파리는 부르주아 계층이 대두되고 예술가들은 자유로운 분위기를 만끽하고 있었다. 쇼팽은 금세 파리 특유의 자유와 낭만에 매료되었다.

파리에서 첫 연주회는 호평을 받았다. 쇼팽은 연주회를 지속해서 어떻게든 생활을 꾸려나가려 했으나 일은 마음대로 풀리지 않았고 점점 궁핍해지기 시작했다. 그때 위기에서 그를 구해준 은인이 있었으니, 바르샤바에서 망명 온 폴란드 귀족들이었다. 비록 망명자 출신이지만 부유한 자산가인 만큼 그들은 파리 사교계에서 활약했다. 그들의 도움으로 쇼팽은 무리 없이 사교계에 진출했다.

쇼팽의 아름답고 섬세한 음악은 파리의 상류층 부인들을 사로잡았고, 이내 사교계의 스타로 등극했다. 당시 파리 사교계에서는 유명 피아니스트에게 레슨을 받는 것이 유행했는데, 쇼팽은 귀족 살롱에서 연주하거나 귀족 딸들에게 피아노를 가르쳐 상당한 수입을 얻었다.

그러던 어느 날, 쇼팽은 운명의 상대와 조우했다. 상대는 남장 여류 작가 조르주 상드였다. 그녀는 쇼팽보다 여섯 살 연상으로, 전남편 사이에 1남 1녀를 둔 이혼녀였다. 그녀의 못 말리는 연애 편력은 파리에서 모르는 이가 없을 정도였는데, 쇼팽이 그런 파격적인 여성과 사랑에 빠져버렸다. 그렇게 그는 그녀와 동거생활을 시작했다.

인기 음악가가 열애설이 터지면 여성 팬들이 떨어져 나가는 건 예나 지금이나 마찬가지다. 하지만 쇼팽은 부동의 인기를 유지했다. 일단 두 사람은 파리에 있을 때는 따로 살았다. 파리 여성들을 자극하지 않기 위한 고육지책이었다. 두 사람이 함께 지낼 때는 마주르카섬이나 프랑스 중부 마을의 노앙에 있는 상드 별장에 있을 때였다. 둘의 동거는 9년이나 지속되었고, 그동안 쇼팽은 음악적 역량을 쏟아부으며 눈부신 걸작들을 탄생시켰다. 결핵이라는 고통도 그의 예술혼을 막을 수는 없었다.

1846년, 쇼팽과 상드는 파국을 맞이했다. 상드와 헤어지고 난 후 쇼팽은 이렇다 할 작품을 쓰지 않았다. 그리고 1849년, 39세 나이로 숨을 거뒀다. 상드가 쇼팽의 창작욕을 자극하고 역사에 남을 명작을 만들어낸 원동력임은 누구도 부정할 수 없을 것이다. 그녀가 없었다면 쇼팽의 성취는 지금과 전혀 달랐으리라.

45

연습곡

℃

쇼팽의 연습곡(에튀드)은 피아니스트 독주회 프로그램의 단골 레퍼토리다. 쇼팽은 총 27개의 연습곡을 썼는데, 그중 '이별의 곡'처럼 일본에서만 불리는 곡도 있고 '혁명', '겨울바람'처럼 전 세계에 통용되는 제목이 붙은 곡도 있다.

쇼팽이 남긴 곡 대부분은 오늘날도 피아니스트들이 즐겨 연주한다. 베토벤은 피아노 소나타를 32곡이나 만들었지만, 쇼팽은 3곡뿐이다. 곡이 적다는 얘기가 아니다. 그만큼 고전파 양식에 얽매이지 않고 자유로운 형식의 곡을 만들었다는 얘기다. 에튀드, 프렐류드, 폴로네이즈 같은 새로운 장르의 곡이 쇼팽 손에서 탄생했다. 그리고 대부분은 자신이 연주하는 리사이틀 용도로 작곡된 작품이었다.

쇼팽의 작품 중에는 '혁명'이나 '이별의 곡'처럼 제목이 붙은 곡도 많지만, 모두 나중에 붙여진 애칭으로 사상이나 문학을 음악화하려는 의사는 애당초 없었다. 쇼팽 본인은 곡에 제목을 붙이기를 싫어했다고 한다. 그런 의미에서 보자면 낭만파답지 않은 점이다.

쇼팽은 여러 장르 곡을 썼는데, 대개 자신이 직접 새로 만든 장르였다. 물론 연습곡은 예외다. J. S. 바흐의 〈평균율 클라비어 곡집〉도 연습곡의 일종이고, 슈만·리스트·드뷔시·라흐마니노프 등 많은 작곡가가 피아노를 위한 연습곡을 작곡했다. 피아노뿐만 아니라 바이올린이나 관악기나 목관악기에도 저마다 연습곡이 존재한다.

그런데 생각해보자. 프로가 연습곡을 콘서트에서 선보인다니! 좀 이상하지 않은가. 이는 마치 스포츠 선수가 훈련하는 모습을 경기장에서 보여주는 것과 같다.

사실 연습곡에는 두 가지가 있다. 하나는 말 그대로 피아노 연습을 위한 연습곡이고, 또 하나는 연주회용 연습곡이다.

전자는 음악학교나 피아노 학원에서 학생이 연습하기 위해 치는 곡이다. 곡마다 마스터해야 할 기술이 있는데, 그것을 끝없이 반복해 기교를 습득한다. 당연히 치는 사람도 재미없고 듣는 사람도 재미없다. 단순한 반복이 대부분이니까. 피아노 학원 발표회에서조차 이런 연습곡을 치는 일은 없다.

프로 콘서트에서 연주되는 쇼팽의 연습곡은 기교를 습득하기 위한 연습곡과는 전혀 다르다. 고도의 테크닉이 요구된다는 점에서는 연습곡이라고 할 만하지만, 실상 하나하나가 모두 완성도를 갖춘 온전한 작품이다. 쇼팽은 진정한 기교를 연습하려면 손가락 훈련만으로는 부족하며 수준 높은 지성과 감성이 더해져야 한다고 믿었다. 그의 연습곡이 테크닉을 부각하는 작품에 머무르지 않고 하나의 예술 작품으로서 완성된 이유가 여기에 있다.

동시대 피아니스트이자 작곡가이던 리스트와는 친구이자 라이벌의 관계였다. 다만 리스트가 대규모 콘서트홀에서 주로 연주했던 데 반해 쇼팽은 소규모 살롱에서 주로 연주했다.

궁극의 테크닉을 추구한 연습곡이라면 뭐니 뭐니 해도 리스트의 〈초절기교 연습곡〉이 아닐까. 이 곡은 피아노의 테크닉을 극한까지 끌어올린 작품이다. 프로가 되려면 테크닉만으로는 부족하지만, 테크닉이 없다면 애당초 프로가 될 수 없다. 〈초절기교 연습곡〉을 능숙하게 치지 못하는 연주자는 더 이상 프로가 아니다.

제5장

후기 낭만파

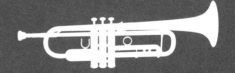

46
후기
낭만파

♮

19세기를 아우르는 낭만파 시대는 1850년을 전후하여 전기와 후기로 나눈다. 그렇다고 1850년에 극적으로 무슨 사건이 발생한 건 아니다.

다만 1847년에 멘델스존, 1849년에 쇼팽, 1856년에 슈만이 잇달아 사망하면서 그들을 전기 낭만파로 구분 짓는 것이다. 리스트와 바그너도 같은 세대지만 활약 시기는 1850년 이후이기에 후기 낭만파로 구분된다.

이리하여 19세기 후반에서 20세기 제1차 세계대전 무렵까지를 음악사에서 후기 낭만파 시대라고 부른다.

1861년에는 러시아 농노해방, 이탈리아 독립, 미국 남북전쟁 등 굵직한 사건들이 발생한다. 그 시절 일본은 어땠을까. '검은 배'라 불리는 미국 함대가 일본 우라가항에 나타난 1853년, 막부 말 동란 시대의 막이 오른다. 이 무렵부터 세계지도에 일본이 등장하며 서양

매슈 C. 페리의 2차 일본 파견 함대(1854)

문화가 유입되기 시작하는데, 그와 동시에 일본 문화도 유럽과 미국으로 전해졌다. 일본의 전통 미술인 우키요에가 유럽 화가들에게 지대한 영향을 끼친 반면, 전통 음악은 별다른 존재감이 없었다. 기술적 한계도 작용했으리라. 그림은 작품 자체를 가져가서 보여줄 수있지만 음악은 당시 녹음 기술이 전무했기에 들려줄 수 없었으니까.

전기 낭만파 음악은 후기에 이르러 화려한 꽃을 피우며 최고의 경지에 도달한다. 단, 미술사에서 보이는 '○○주의와 △△주의의 대립'이라는 도식은 없었다. 세세한 갈래는 존재하나 음악사는 대체로 하나의 물줄기로 흘러갔다.

독일 음악이 중심이던 음악사는 러시아, 동유럽, 미국으로 점차 영역을 넓혀 나아갔다. 이탈리아, 프랑스, 영국 등 전통적 음악 선진국이 부흥기를 맞이한 반면, 독일의 위세는 약해지는데 이는 합스부르크 제국의 쇠퇴와 연관이 깊다.

합스부르크 제국이 영향력을 잃어가자 그 지배를 받던 이탈리아나 헝가리 등에서 독립을 쟁취하려는 움직임이 활발해졌다. 음악은 국민의 독립 의지를 고취하며 민족주의운동을 뒷받침하는 역할을 했는데, 이런 음악 사조를 국민악파라 부른다.

역사적으로 음악가는 화가보다 저항 의식이 낮다. 화가는 그림을 그리면 그것으로 작품이 완성된다. 하지만 음악가는 어떨까. 악보에 아무리 음표를 열심히 써도 악기로 연주되지 않으면 의미가 없다. 작곡가는 궁중과 교회에서 독립했으나 대규모 오케스트라나 오페라 하우스 상당수는 국립이나 주립의 형태로 국가에 종속된 상태였다. 이게 음악이 미술과 달리 국가 권력으로부터 자유롭지 못한 이유다.

인기 음악가가 열애설이 터지면 어떻게든 말없덤어져 나가는 건 옛나 지금이나 마찬가지다. 하지만 쇼팽은 6세 초아이에 거장아래 레 일단 두 사람은 파리에 있을 때는 따로 쓸어 그는 피아노 교사로 일 하지 않기 위한 교육지책이었다. 두 하며 생활비를 벌어야 했다. 가섬이나 프랑스 중부 마을의 노앙에 그러던 중 피아노를 가르치던 다. 둘의 동거는 9년이나 지속되었고 귀족 아가씨와 사랑에 빠지는 ... 신분 차이로 여성 집안의 ... 극심한 반대에 휩싸여 이별했

1846년 프랑 리스트는 파국을 맞이 죽음까지 생각할 만큼 쇼팽은 이렇다 할 작품을 쓰지 않았다 연의 충격은 컸다. 그는 몇 년 간 음악 활동을 지속하지 못할 만큼 어두운 절망의 시기를 보냈다. 그러다 1830년경부터 식거일전한 리스트는 음악 활동을 재개하고 〈환상 교향곡〉으로 주가를 높이던 베를리오즈 그리고 쇼팽과 친해졌 다. 조각처럼 잘생긴 외모로 파리 사교계를 평정하며 쇼팽과 함께 아 이돌 못지않은 인기를 구가한 리스트, 그가 남편과 자식을 둔 마리 다 구 백작 부인과 사랑에 빠져 도피행각을 벌인 사건은 유명하다. 이 밖 에도 수많은 여성과 염문을 뿌렸는데, 여러 스캔들에도 불구하고 리스 트는 '피아노의 마술사'로서 당대 최고의 피아니스트로 군림했다.

1839년부터 1847년까지 리스트는 8년간 260개 도시에서 1,000회가 넘는 독주 콘서트를 열었다. 오늘날 피아니스트가 혼자 연주하는 리사이틀 형식의 시초인 셈이다. 그때까지 연주회라고 하 면 피아니스트가 오케스트라나 가수와 출연해 함께 연주하는 형식

이 전부였다. 피아니스트가 자기 공연을 하고 싶으면 자비로 오케스트라를 고용해야 했는데, 리스트가 피아니스트만으로도 연주회가 가능한 형식을 확립하면서 이후에는 리사이틀이 점점 늘어났다.

동시대에 파리에서 활약한 쇼팽과 리스트는 친구이자 경쟁자의 관계였다. 쇼팽은 리스트의 탁월한 테크닉에 질투를 느꼈지만, 작곡에 대해서만큼은 자신이 한 수 위라고 생각했다. 언젠가 쇼팽은 이런 말을 했다.

"내 곡은 리스트가 칠 때 최고다."

테크닉은 리스트가 최고지만 작곡에서는 자신이 더 낫다는 쇼팽의 본심이 느껴지는 대목이다. 리스트는 살아생전 음악계를 접수한 슈퍼스타였다. 생전에 얻은 명성은 가히 최고 수준이었는데, 죽음으로부터 100년 이상 지난 지금 돌아보면 쇼팽에 비해 오늘날 연주되는 비율은 낮은 편이다. 그런 의미에서 보자면 최후의 승자는 쇼팽이 아닐까. 리스트가 음악사에 공헌한 점으로 교향시라는 장르를 창설하고 리사이틀 형식을 확립했다는 사실을 들 수 있다. 아울러 피아니스트의 교육에도 힘을 쏟았다. 평생 가르친 제자가 400명이 넘을 정도였다. 심지어 레슨비를 받지 않았으며 재능 있는 제자에게는 금전적 지원도 아끼지 않았다고 한다. 74세까지 장수하면서 음악계의 살아 있는 전설로 칭송받은 리스트. 독실한 가톨릭 신자였던 까닭에 말년에는 사제의 길을 걸었으며 종교곡도 다수 작곡했다.

프랑스인은 자유를 무엇보다 중시하므로 애당초 교향곡이라는 양식에 얽매여가를 좋아하지 않는다. 구노, 비제, 생상스, 프랑크, 당도의 작곡가가 교향곡 몇 곡을 남겼을 뿐이다. 그래서 자유로운 양식을 지닌 교향시가 프랑스 국민성에 맞다. 드뷔시나 라벨도 많은 교향시를 남겼는데, 굳이 엄격하게 교향시로 구분하진 않는다. 프랑스인에게 곡의 장르 자체는 아무래도 좋은 것이다.

반면 규범과 형식을 중시하는 독일인은 그렇지 못했다. 그들은 '자유로운 양식'이라는 하나의 특정한 장르를 확립하고 그 안에 작품들을 구분함으로써 비로소 자유로워졌다.

낭클파 라오 슈 란

낭만파는 기본적으로 스토리를 중시한다. 그렇다면 악기로만 연주하는 표장악이나 교향시라다 가사가 붙은 가수 아들 오페라에서 낭만과 음악의 진가가 발휘되지 않을제 ... 처럼 남성 음악가의 이탈리아 오페라는 로시니라는 걸출한 거장을 배출하며 19세기 전반 오페라계를 접수했고 그 이후 도니제티, 베르니가 그 뒤를 이었다. 이들 사람 작품에는 주역 소프라노가 부르는 클라이맥스 부분이 등장한다. 인간이 낼 수 있는 고음의 한계에 도전함으로써 극한의 감정 상태를 표현했는데, 이는 오직 오페라만이 가능한 영역이다. 한 피 로시니, 도니제티, 베르니가 활약하는 19세기 전반이 지나던, 후반부터는 베르디가 그 자리를 잇는다.

반면 프랑스는 색다른 오페라를 선호했다. 혁명 후 서민들이 오페라의 주요 소비층으로 부상하는데 그들은 대체로 파란만장한 스토리를 좋아했다. 그래서 도망가고 추적하는 줄거리가 등장하는 드

매슈 C. 페리의 2차 일본 파견 함대(1854)

50

...부흥기를 맞이한 반면, 독일의 ... 계급의 쇠퇴와 연관이 깊다.

합스부르크 제국이 영향력을 잃어가자 ... 이탈리아나 헝가리 등에서 독립을 쟁취하려는 음악 ... 음악은 국민의 독립 의지를 고취하며 민족주의 운동을 뒷받침하는 역할을 했는데, 이런 음악 사조를 국민악파라 부른다.

역사적으로 음악가는 화가보다 저항 의식이 ... 화가는 그림을 그리면 그것으로 작품이 완성된다. 하지만 음악가는 어떨까. 악보에 아무리 음표를 열심히 써도 악기로 연주하지 ... 의미가 없다.

작 ... 바그너(Wilhelm Richard Wagner, 1813-1883)와 ...

... 바그너는 음악 역사상 가장 ... 판이 극렬하게 엇갈리는 인물이리라. 하여튼 돈과 여자에 관해 온 갖 부도덕한 일을 서슴없이 저질렀는데, 마지막에는 거액의 빚을 국 왕에게 떠안기며 한 국가를 멸망에 이르게까지 했다. 그러니 웬만한 스캔들은 그 앞에서 명함도 못 내밀 것이다.

바그너는 1813년 독일 라이프치히에서 태어났다. 첫 번째 아버지는 경찰서 서기였는데, 그가 태어난 지 반년 만에 세상을 떠났다. 9개월 뒤 어머니는 배우이자 각본가인 남성과 재혼했다. 바그너는 평생 자신이 두 번째 아버지와 어머니 사이의 불륜으로 낳은 자식이 아닌지 의심했다고 한다. 과연 세기의 탕아답게 출생 비화부터 남다 르다.

연극을 즐기는 집안 영향으로 바그너도 연극에 매료되었다. 특히 그리스 비극과 셰익스피어에 심취했다. 그러다 1828년, 베토벤의 음악을 듣고 깊은 감동을 받은 바그너는 음악가가 되기로 결심했다. 그는 도서관에 다니며 음악을 공부했고 교회 합창단 지도자에게 작곡 기법을 배웠다.

리하르트 바그너

19세 때 완성한 첫 오페라를 계기로, 오페라극장 지휘자에 임명되는 등 초반에는 순조롭게 일이 풀리는 듯싶었다. 하지만 금방 싫증을 내는 기질상 실직과 취업을 반복했고 과도한 낭비벽으로 사치를 일삼는 생활을 이어갔다. 불안정한 생계 속에서 어떻게 호화로운 생활이 가능했을까. 거액의 빚을 졌기 때문이다. 빚은 바그너를 평생 괴롭히는 족쇄가 되지만, 뻔뻔하리만치 재능을 과신하던 바그너는 빚쟁이를 피해 다니면서도 창작 활동을 계속했고 그 와중에 판매수익도 올렸다.

이성관계만 놓고 보자면, 바그너는 21세 때 네 살 연상의 여배우와 첫 번째 결혼을 했다. 하지만 이 관계는 처음부터 삐걱대다 얼마 안 가 파국을 맞이하고 말았다.

술 작품으로서 완성된 이유가 ...

... 동시대 피아니스트이지 ... 트와는 친구 ... 들
의 환계였다. 다만 리스 ... 홀에서 주로 연주 ...
반해 쇼팽은 소규모 살 ...
... 궁극의 테크닉을 추구 ... 나 해도
〈초절기교 연습곡〉이 아닐까.
끌어올린 작품이다. 프로가 되려면 ...
크닉이 없다면 애당초 프로가 될 수 없 ...
숙하게 치지 못하는 연주자는 더 이상 프로 ...

51

〈니벨룽겐의 반지〉

ㄱ

바그너를 논할 때 반드시 언급되는 작품이 〈니벨룽겐의 반지〉다. 오페라 역사에 길이 남을 기념비적인 작품으로, 상연에만 4일 이상 걸리는 초대형 걸작이다. CD로 치면 15장 분량인 셈이다. 총 4부작 이지만 '전야제와 3일 밤의 악극'으로 부르며 전야제-라인의 황금, 제1일-발퀴레, 제2일-지크프리트, 제3일-신들의 황혼으로 구성되어 있다.

대본도 바그너가 직접 썼는데, 처음부터 초대형 작품을 구상한 건 아니었다. 처음에는 마지막 부분에 해당하는 '신들의 황혼'을 먼저 작곡했다. 그러나 그 부분만으로는 무슨 이야기인지 이해하기 어려워 전편에 해당하는 이야기를 써야겠다고 마음먹고 '지크프리트'를 완성했다. 그러다 주인공 부모에 대해서도 덧붙여야겠다고 생각해 '발퀴레'를 쓰고 과거로 거슬러 가 모든 이야기의 발단인 '라인의 황금'을 완성했다.

장대한 대본 작업이 끝나자 작곡에 착수하는데, 무슨 연유에선지 작업이 답보 상태에 빠졌다. 긴 공백기도 부담스러웠던 바그너는 돌연 작시 작곡을 중단하고 신작 오페라를 발표한다. 그렇게 탄생한 작품이 바그너의 최고 걸작으로 평가받는 〈트리스탄과 이졸데〉다.

그리고 1871년, 바그너는 드디어 전대미문의 초대작 〈니벨룽겐의 반지〉 전편을 완성했다. 반지를 손에 쥔 자가 세계를 지배한다는 스토리를 담은 이 작품은 반지를 둘러싸고 여러 세력 간의 치열한 다툼이 흥미진진하게 벌어진다.

여기서 잠깐, '반지의 제왕이랑 똑같은 이야기잖아?' 하고 생각하는 독자가 있을지 모르겠다. 공통점은 반지를 둘러싼 이야기일 뿐, 사실 둘은 전혀 다른 이야기다. 오히려 〈니벨룽겐의 반지〉는 다른 대작 영화와 닮았다. '혁명', '겨울바람'처럼 전 세계에 통용되는 북유럽 신화, 게르만 민족 신화, 독일의 민간 설화 등 독일의 신화와 전설에 기반을 둔 〈니벨룽겐의 반지〉는 인간과 영웅, 신이 절대 권력을 차지하기 위해 암투를 벌이는 웅장한 대서사시다. 신이 인간 여성과 바람을 피워 쌍둥이 남매가 태어난다. 쌍둥이 남매는 부모가 같은 줄 모른 채 사랑에 빠지고 그렇게 태어난 아이가 후반부의 주인공인 지크프리트다. 내용에는 아버지와 아이가 대결하는 장면도 나온다.

우주를 아우르는 거대한 규모의 작품이지만 때에 따라 보면 얇은 가족의 단순한 이야기처럼 보이기도 한다. 부자의 대결에서 쌍둥이 남매의 이야기까지, 가만 보면 이 스토리는 조지 루카스의 〈스타워즈〉를

후원자를 파산시키고 더 나아가 나라를 파산시킬 정도로 낭비 스케일이 남달랐던 바그너. 하지만 바이로이트 극장만은 바그너 집안의 유산으로 남았다.

52
지휘자의
탄생

♩

클래식 연주가라고 하면 대표적으로 지휘자를 떠올리는 사람도 많겠지만, 지휘자는 음악사에서 비교적 최근에 등장한 직업이다.

일단 지휘자는 수십 명으로 이루어진 오케스트라에서만 필요한 존재다. 10명 내외의 실내 오케스트라에서는 지휘자 없이 연주하는 경우가 많다. 이때는 바이올리니스트 대표 격인 콘서트마스터가 지휘자 역할을 겸한다. 그 정도 인원이라면 서로 악기 소리를 맞춰갈 수 있는 까닭이다. 하지만 30명, 50명, 심지어 말러 교향곡처럼 100명 이상이 넘어가면 얘기는 달라진다. 누군가가 박자나 음량, 빠르기 등을 지시하지 않으면 연주가 엉망진창이 되어버리기 일쑤다.

그렇다면 지휘자는 단원들이 질서정연하게 음을 맞추며 연주하도록 신호를 보내는 역할만 할까? 그렇지 않다. 이는 지휘자의 역할 중 극히 일부에 불과하다.

지휘자의 역할을 설명하기란 쉽지 않다. 지휘자 본인도 누군가

'지휘자 역할을 과학적으로 분석해서 설명해달라'고 하면 난감해진다고 한다. 오케스트라 연주회 중계를 보면 알겠지만 단원들은 자기 악보를 보면서 연주하지, 공연 내내 지휘자를 쳐다보지는 않는다. 모든 악기가 그때그때 일사불란하게 박자를 맞추기 위해 지휘자가 존재하는 건 아니라는 얘기다.

오늘날 지휘자란 작곡가가 악보에 적은 의도를 해석해 오케스트라에 전달하고 그 해석에 근거해 연주를 이끄는 존재다. 악보를 어떻게 해석하는지는 지휘자마다 천차만별이므로 지휘자에 따라 연주 방식도 달라지게 마련이다.

전업 지휘자가 등장한 시기는 19세기 이후다. 그전까지는 작곡가가 직접 지휘했다. 자기가 만든 곡이니 해석할 필요도 없고 자기 의도대로 연주하면 그만이었다. 전업 지휘자가 등장한 이유는 19세기가 되자 세상을 떠난 작곡가의 곡도 연주하게 되었기 때문이다.

모차르트 시대까지만 해도 작곡가가 자기 곡을 지휘했으며 이미 세상을 떠난 작곡가의 곡은 누구도 연주하지 않았고 들으려 하지도 않았다.

하지만 베토벤 이후부터 이런 분위기가 달라졌다. 베토벤이 죽은 이후에도 그가 남긴 명곡들이 연주되기 시작하는데, 당사자가 세상에 없으니 다른 누군가가 지휘를 해야 했다. 이로써 지휘자 역할이 중요해졌다. 참고로 바그너는 자타가 공인하는 베토벤의 곡 지휘자였다. 그 덕분에 그때까지 실패작으로 인식되던 제9번이 명곡으로 재탄생했다.

전업 지휘자가 등장한 또 다른 이유로는 모차르트 만년과 베토벤 때부터 악보가 복잡해진 점을 들 수 있다. 이런 경향은 낭만파 시대로 넘어오면서 더욱 심화되어 덩달아 오케스트라 편성도 거대해졌다. 복잡한 악보를 파악하고 거대한 오케스트라를 통솔하는 지휘자의 역할이 더욱 중요해졌음은 물론이다.

음악 역사상 최초의 전업 지휘자로 기록되는 인물은 한스 폰 뷜로다. 바그너의 부인이자 리스트의 딸이던 코지마의 전남편이었으며 세계 최고 오케스트라인 베를린 필하모닉의 초대 수석 지휘자였다.

뷜로는 부인 코지마가 바그너와 불륜을 일으키자 결국 갈라서는데, 이혼이 성립되자 코지마는 곧바로 바그너와 재혼했다. 당시 독일 음악계는 표제 음악파 바그너와 절대 음악파 브람스가 팽팽하게 대립하는 중이었다. 바그너파에 속했던 뷜로는 아내와 바그너의 불륜 사실을 알고 격분한 나머지 브람스파로 전향했다고 한다.

뷜로는 흔히 '음악 역사상 최초의 전업 지휘자'로 불리는데, 엄밀히 말하면 정확한 표현이 아니다. 그는 지휘자이기 전에 당대 최고의 피아니스트이자 작곡가였다. 게다가 뷜로 이전에도 지휘자는 존재했다. 하지만 자신의 유명세로 관객들을 극장에 끌어들이는 스타성을 가진 지휘자로 보자면 뷜로를 첫 번째로 꼽는 데는 이견이 없을 것이다.

단순히 소리 신호를 보내고 템포를 유지하는 사람에 불과했던 지휘자를 '음악의 해석자'라는 지위에 올려놓고, 수십 명 혹은 수백 명의 오케스트라를 통솔하는 제왕적 존재로 만든 것도 뷜로였다.

53

음악제

잘츠부르크 음악제나 바이로이트 음악제 등 세계 각지에서 음악제라는 이벤트가 성행 중이다. 일본에서도 5월 골든위크에 프랑스 낭트시와 제휴한 음악제가 개최되며 마쓰모토시에서는 일본의 세계적 지휘자 오자와 세이지가 주최한 '세이지 오자와 마쓰모토 페스티벌'이 열린다.

세계에서 가장 유명한 대규모 음악제는 무엇일까. 오스트리아 잘츠부르크에서 여름 한 달 내내 열리는 잘츠부르크 음악제다. 잘츠부르크가 모차르트 고향이라는 사실에서 짐작하듯 이 음악제는 모차르트를 위한 축제로, 오직 모차르트의 곡만을 연주하는 건 아니지만 프로그램에 모차르트 오페라가 반드시 포함된다.

바이로이트 음악제의 경우 오로지 바그너 작품만 공연한다. 본래 바그너가 자기 작품을 상연하기 위해 만든 행사로, 지금도 바그너의 유족이 운영하고 있다. 서양에서 보기 드물게 가족이 세습해서 운영하는 음악제다.

서양의 음악제는 7월부터 8월에 개최되는 게 보통이다. 장소도 대도시보다 휴양지가 많다. 서양에서는 비즈니스를 비롯해 학교와 관공서도 9월에 새로운 연도가 시작되는데, 음악 산업도 마찬가지다. 오케스트라를 비롯해 오페라극장도 9월에 새 시즌을 시작해 이듬해 6월에 막을 내린다. 말하자면 7월부터 8월은 오케스트라 단원들이나 지휘자들, 솔로 연주자들에게 여름휴가 기간인 셈이다.

음악 기획자들은 생각했다. 휴가를 맞이한 음악가들을 휴양지에 불러들여 콘서트를 열면 관객이 많이 찾아오지 않을까 하고. 그렇게 음악 축제가 시작되었다.

음악제라고 하면 거창하게 들리지만, 해당 기간에 콘서트가 열리는 것뿐이다. 일본의 마을 축제처럼 온 동네에 음악이 울려 퍼지고 포장마차가 줄지어 생기고 불꽃놀이가 열리는 등 흥겹고 떠들썩한 분위기를 기대하면 곤란하다. 공연장 이외는 평소와 다를 게 없다.

클래식 팬들에게 음악제는 참으로 고마운 기회다. 티켓값은 다소 비싸지만 좋아하는 음악가 연주를 실컷 들을 수 있으니까 말이다.

54

비제

베르디의 〈아이다〉, 푸치니의 〈라 보엠〉, 비제의 〈카르멘〉. 세 작품은 흔히 '명작 오페라의 ABC'로 꼽힌다. 첫 글자가 ABC이기 때문인데, 누가 봐도 알기 쉬운 스토리를 담고 있어서 초보 입문용으로 제격이라는 의미에서 ABC이기도 하다.

베르디, 푸치니는 명실상부한 세계적 오페라 거장으로서 〈아이다〉나 〈라 보엠〉 외에도 다수의 명작을 배출했지만, 조르주 비제(Georges Bizet, 1838-1875)는 〈카르멘〉만큼의 압도적인 작품은 없다. 36세 나이로 요절해 거장이라는 칭호를 받지 못한 것도 영향을 미쳤으리라.

비제는 1838년 파리에서 태어났다. 성악 교사이던 아버지의 피를 물려받아 9세 때 파리 음악원에 입학하면서 천재 소년으로 두각을 드러냈다. 그곳에서 피아노와 작곡을 공부하고 로마로 유학을 떠나는데, 유학 시절부터 오페라를 작곡했지만 만족스러운 결과는 얻

조르주 비제

지 못했다.

그러다 1863년, 25세 때 오페라 〈진주 조개잡이〉를 발표하며 드디어 흥행에 성공했다. 오늘날 콘서트에서 자주 연주되는 그의 작품 중 1872년에 만든 〈아를의 여인〉이 있는데, 이는 본래 오페라가 아니라 연극에 부수적으로 딸린 것이었다. 요컨대 영화음악의 연극판인 셈이다. 극 자체가 혹평받은 것과 달리 극에 삽입된 비제의 음악은 인기를 끌었다.

오페라 역사상 불후의 명작으로 평가받는 〈카르멘〉은 프랑스 작가 프로스페르 메리메의 동명 소설을 원작으로 만든 작품이다. 스페인 세비야를 무대로 담배 공장에서 일하는 카르멘과 기병대 조장 돈 호세, 그의 약혼자 미카엘라, 투우사 에스카밀로의 얽히고설킨 파국적 연애극이다.

현재는 세상에서 가장 인기 있는 오페라 중 하나지만, 1875년 3월에 파리의 코미크 오페라극장에서 초연될 당시에는 싸늘한 평가가 적지 않았다.

당시 보수적인 비평가들은 여주인공 카르멘을 부도덕하고 반사회적인 악녀라고 비난했으며 즐겁고 흥겨운 해피엔딩을 기대하고 온 관객들은 비극적이고 파멸적인 결말에 당황했다. 하지만 아름답고 열정적인 카르멘에게 매료당하는 일반 관객도 적지 않아 흥행은 나쁘지 않았다고 한다.

초연 이후 비평가들의 혹평에 좌절했던 비제는 빈 오페라극장에서 상연 의뢰를 받자 크게 고무되었다. 그러나 초연하고 3개월이 지난 6월에 아직 수온이 낮은 센 강에서 수영하다가 지병인 만성편도염이 악화되어 급사했다. 친구인 작곡가가 빈 공연을 위해 작품을 다소 수정했는데, 이 공연이 대성공으로 끝나면서 〈카르멘〉은 당당히 오페라 명작의 반열에 올랐다.

여주인공 카르멘은 현재 상영되는 오페라 주인공 중 가장 지명도가 높은 인물일 것이다. 극 중에 삽입된 '투우사의 노래'나 '하바네라'는 단독으로도 자주 연주되는 인기곡이다.

비제는 비록 짧은 생애를 보냈으나 30편에 가까운 오페라와 연극 음악을 작곡했다. 〈카르멘〉 외에는 〈아를의 여인〉 속 연주회용 모음곡이 알려진 정도다. 〈진주 조개잡이〉 역시 오페라극장의 레퍼토리지만 상연 빈도는 낮으며, 교향곡과 피아노곡도 만들었지만 알려진 곡은 거의 없다.

55
베르디

♮

19세기 후반을 대표하는 오페라 작곡가 주세페 베르디(Giuseppe Fortunino Francesco Verdi, 1813-1901). 20세기의 첫해인 1901년, 그가 87세 나이로 세상을 뜨자 이탈리아에서는 국장이 거행되었다. 이는 오페라가 이탈리아 사회에서 어떤 위치인지를 알려준다. 일본이라면 아무리 유명하고 인기 있는 작곡가라도 국장으로 장례식이 진행되는 건 상상도 못 할 일이다. 기껏해야 국민영예상을 받을 정도일까.

베르디가 자국민들에게 절대적 지지를 받은 데는 그의 활동기가 이탈리아에서 민족의식이 고취되던 시기와 맞물린 것도 한몫했다. 19세기 후반 이탈리아는 수많은 군소 국가로 쪼개진 상태였다. 이탈리아라는 지역만 있을 뿐 이탈리아라는 국가는 없었다고 봐도 과언이 아니다. 특히 밀라노는 합스부르크 제국의 지배 아래 있었는데, 밀라노 국민들은 무엇보다 간절하게 독립을 염원했다.

베르디는 1813년 바그너와 같은 해에 태어났다. 둘은 독일과 이탈리아를 대표하는 오페라 작곡가가 되어 서로의 작품을 의식했지만 만난 적은 한 번도 없었다고 한다.

아버지는 부세토 근교의 작은 마을에서 농사를 지으며 여관과 식료품 가게를 경영했다. 베르디는 교회를 통해 음악에 눈을 뜨고 파이프오르간

주세페 베르디

을 연주하면서 음악적 재능을 드러냈다. 때마침 음악 애호가 상인이 후원자가 되면서 본격적인 공부를 시작하지만, 밀라노음악원 입학에 실패하자 깊이 좌절했다. 하지만 노력 끝에 다시 비상하며 오페라 작곡가로 명성을 얻는 데 성공했다.

1839년, 베르디는 처자식과 함께 밀라노로 거처를 옮겼다. 그는 역사와 전통을 자랑하는 라 스칼라 극장에서 그의 첫 오페라 〈산 보니파초의 오베르토 백작〉을 초연해 호평받았다. 그렇게 성공 가도를 달리는가 싶더니 부인과 자식을 한꺼번에 잃는 아픔을 겪게 되었다. 더욱이 이후에 발표하는 작품이 흥행에 실패하면서 그는 깊은 슬럼프에 빠졌다.

막다른 골목에서 그를 구원해준 것은 세 번째 오페라 〈나부코〉였

다. 구약성서에 나오는 이야기를 원작으로 한 이 작품이 1842년에 초연돼 대성공을 거두면서 그때까지의 부진을 한 방에 날려버린 것이다. 그야말로 극적인 기사회생이었다. 이 오페라에는 나부코 왕에게 노예로 끌려간 유대인이 조국을 생각하며 노래하는 '히브리 노예들의 합창'이 나온다. 이 노래 속 가사인 '가라, 내 마음이여, 금빛 날개를 달고'는 타국에 점령당한 밀라노 사람들의 심금을 울리기에 충분했다. '히브리 노예들의 합창'은 이탈리아 독립운동을 상징하는 노래가 되었는데, 현재까지도 이탈리아에서 '제2의 애국가'로 사랑받고 있다.

베르디는 오페라 작곡 기법에 혁명적 변화를 시도했다. 본래 오페라는 한 곡 한 곡이 독립되어 있어서 이야기 순서대로 가수가 노래를 부르는 형식을 취했는데(이를 넘버 오페라라고 한다), 베르디는 이 형식을 파괴했다. 그의 음악은 막이 시작되고 끝나는 내내 끊기는 일 없이 쭉 이어진다. 아울러 베르디는 오케스트라에게 성악을 받쳐주는 조연이 아닌 이야기에 직접 관여하는 역할을 부여했다. 바그너는 이를 더욱 극단으로 밀고 나갔다. 이처럼 두 사람은 서로 영향을 주고받으며 오페라의 새로운 지평을 열었다.

두 사람은 음악 비즈니스에도 뛰어난 수완을 발휘했는데, 대표적 일례가 오페라 작곡가의 저작권을 확보한 것이다. 이전까지 오페라 작곡가는 오페라극장에 전속된 신분이었다. 오페라를 의뢰받으면 곡을 만들고 작곡료만 받으면 그만이었다. 하지만 베르디는 명확한 계약서를 체결해서 작곡가의 저작권을 확보하고 상연 때마다 수입을 얻었다. 더욱이 타인이 제멋대로의 자기 곡을 변경하는 것도 엄격히 금지했다. 상인이던 아버지에게 사업적 기질을 물려받은 덕분일까. 그는 음악가로서만이 아니라 사업가로서도 능력이 탁월했다.

바그너는 대본도 직접 썼지만, 베르디는 대본 작가를 고용했으며 대본의 권리도 자신이 가져갔다(이쯤 되면 바그너보다 베르디가 한 수 위인 느낌이다).

주요 작품으로는 셰익스피어를 원작으로 한 〈멕베스〉, 〈오텔로〉, 〈팔스타프〉 등이 있고 뒤마 소설을 원작으로 한 〈라 트라비아타〉와 고대 이집트를 무대로 한 〈아이다〉도 유명하다. 베르디는 오페라가 가벼운 오락거리에 불과하다는 상식을 뒤엎으며 웅장하고 스케일 있는 드라마를 내세웠다.

고급 창녀를 주인공으로 한 〈라 트라비아타〉는 초연 당시 뜨거운 논쟁을 불러일으킨 문제작이었다. 이처럼 베르디는 사회적 금기에도 과감히 도전했다. 그는 바그너의 성공을 의식하면서도 넘버 오페라에서 완벽하게 탈피한 작품을 발표하는데, 그것이 1887년에 만든 〈오텔로〉다. 이 작품에 이르러 베르디의 음악과 드라마는 완전한 혼연일체가 되었다.

56
푸치니

♩

자코모 푸치니(Giacomo Puccini, 1858-1924)는 베르디의 뒤를 이은 이탈리아 오페라의 전설이다. 활동 시기는 겹치지만 둘 사이에 직접적인 사제관계는 없다.

푸치니는 토스카나 지역의 작은 도시 루카에서 태어났다. 대대로 교회 음악을 담당해온 음악가 집안이었는데, 5대에 걸쳐 교회 오르가니스트를 세습했다. 푸치니가 5세 되던 해에 아버지가 사망하자 그 지위를 이어받았다. 하지만 아무리 음악가 피를 이어받은 신동이라도 5세 나이로 교회 오르간을 연주하기는 무리였던지, 잠정적으로 삼촌이 그 자리를 맡았다고 한다.

그대로 인생이 진행됐더라면 그도 가업을 이어 교회 오르가니스트로 생을 마감했으리라. 하지만 18세 때 본 베르디의 오페라 〈아이다〉가 그의 인생을 바꿨다. 이 작품을 보고 깊은 감명을 받은 푸치니는 교회 오르가니스트라는 안정적인 길을 버리고 오페라 작곡가가 되기로 결심했다.

푸치니는 오페라 이외에는 거의 작곡하지 않았으며 미완성으로 남은 〈투란도트〉를 포함하면 오페라도 10편 정도다. 대략 수년간 오페라 한 작품을 발표한 셈이다. 이는 당시에 오페라 작곡의 저작권이 확보된 상황과도 연관이 있다. 작품이 공연될 때마다 수입이 들어오니 이전 세대 오페라 작곡가들처럼 생계를 위해 무리하게 다작할 필요가 없었던 것이

자코모 푸치니

다. 또한 출판사를 대리인으로 고용해 오페라극장과 협상하는 일을 일임하고 작곡에만 전념할 수 있는 시스템이 정착된 것도 이전 세대와 다른 변화였다.

오늘날 전 세계 오페라극장에서 베르디 이상으로 많이 상연되는 푸치니지만, 그도 처음부터 성공한 건 아니었다. 1884년 초연한 데뷔작 〈르 빌리〉와 1889년에 초연한 두 번째 작품 〈에드가〉는 실망스러운 결과를 기록했는데, 당시 전속계약을 맺고 있던 출판사는 그를 방치하다시피 했다. 하지만 출판사 경영자가 감싸준 덕분에 어떻게든 세 번째 작품 〈마농 레스코〉를 완성해 1893년에 간신히 무대

에 올렸다. 그런데 이 작품이 공전의 히트를 기록하면서 푸치니는 일류 작곡가로서 확고한 입지를 다졌다.

이후 푸치니는 1896년에 〈라 보엠〉, 1900년에 〈토스카〉, 1904년에 〈나비부인〉 등 오페라 역사에 길이 빛나는 걸작을 발표하며 최고의 주가를 올렸다. 마지막 작품 〈투란도트〉를 작곡하던 도중 암에 걸려 수술하지만, 수술이 실패로 돌아가는 바람에 사망했다.

푸치니의 오페라는 드라마틱한 전개와 기억하기 쉬운 멜로디가 특징이다. 지나치게 대중적이라는 비판을 받던 시기도 있었으나 그가 오페라의 전설로 기억되는 이유는 아름답고 친숙한 멜로디를 잘 활용했기 때문이다. 푸치니 말년에 해당하는 1920년부터 새로운 음악이 싹트면서 그의 작품이 한물간 유행으로 취급받은 적도 있지만, 결국 마지막 승자는 푸치니였다. 당시 새로운 바람을 몰고 온 작품들은 하나같이 잊혔고, 오늘날 푸치니의 작품은 변함없는 인기를 끌고 있으니까 말이다.

57

문학 작품의
음악화

바그너는 독일에 전해지는 신화와 전설을 토대로 한 오페라를 만들면서 대본을 직접 썼다. 문학과 음악의 진정한 창조자였던 셈이다. 바그너는 이것을 혼자 해냈지만, 많은 작곡가는 이미 기존에 존재하는 소설이나 희곡을 원작으로 삼아 음악화했다. 같은 원작에 여러 음악 버전이 존재하는 이유가 여기에 있다.

베르디는 대본 작가를 고용해 셰익스피어 작품 몇 개를 오페라용으로 각색했다. 1887년에 초연된 〈오텔로〉는 이 중에서도 손꼽히는 명작이다. 그 밖에 〈맥베스〉, 〈팔스타프〉도 셰익스피어의 작품이 원작이다.

셰익스피어 작품을 음악으로 만든 작품은 무척 많은데, 〈오텔로〉는 베르디보다도 이전 세대인 로시니가 1812년에 '오텔로'라는 이름으로 오페라를 만든 바 있다.

젊은 남녀의 비극을 다룬 〈로미오와 줄리엣〉은 수차례 영화나 뮤지컬로 제작되었지만, 이것들이 없던 시절에는 오페라로 여러 버전이 만들어졌다. 유명한 것만 꼽자면 빈센초 벨리니의 〈카풀레티가와 몬테키가〉가 1830년에 초연했고, 샤를 구노의 〈로미오와 줄리엣〉은 1867년에 초연했다. 오페라 외에도 베를리오즈가 극적 교향곡 〈로미오와 줄리엣〉을 1839년에 썼고, 차이콥스키는 환상 서곡 〈로미오와 줄리엣〉을 1869년에 썼으며, 프로코피예프는 발레 음악 〈로미오와 줄리엣〉을 1936년에 만들었다.

영원한 고전인 〈햄릿〉도 음악화한 작품이 많다. 도메니코 스카를라티와 앙브루아즈 토마가 오페라로 만들었으며 리스트는 교향시, 차이콥스키는 환상 서곡으로 썼다. 〈햄릿〉이 연극으로 상연되던 당시 삽입 음악을 작곡한 세계적인 작곡가 중에는 차이콥스키, 프로코피예프가 있으며 쇼스타코비치는 〈햄릿〉이 영화화될 때 음악을 작곡했다. 이처럼 러시아 작곡가는 햄릿과 인연이 많다.

벨기에 극작가 모리스 마테를링크는 일본에서 〈파랑새〉 작가로 유명하다. 그가 작곡한 희곡 〈펠레아스와 멜리장드〉는 수많은 작곡가에게 영감을 준 작품이다. 포문을 연 것은 프랑스 작곡가 포레인데, 1897년 런던에서 연극으로 초연될 때 삽입 음악으로 작곡했으며 1900년에는 오케스트라 버전으로 각색했다. 드뷔시는 희곡을 그대로 대본으로 삼아 오페라를 만들었으며 이를 1902년에 초연했다. 1903년에는 쇤베르크가 교향시로 작곡하고 1905년에는 시벨리우스가 헬싱키에서 스웨덴어 버전으로 초연될 때 삽입 음악과 이에 기초한 오케스트라 모음곡을 작곡했다.

아베 프레보의 소설 《마농 레스코》는 푸치니의 오페라뿐만 아니라 쥘 마스네가 1884년에 '마농'이라는 제목으로 푸치니보다 앞서 오페라로 만든 바 있다.

베르디의 작품 중 〈라 트라비아타〉는 오페라 초보자도 부담 없이 즐길 수 있는 감동적인 걸작이다. 볼 때마다 눈시울이 붉어진다는 사람이 많을 만큼 촉촉한 감성을 자극하는 비극적 연애 스토리인데, 1853년 베네치아에서 초연되었다. 원작은 뒤마 피스가 자신의 경험을 바탕으로 쓴 연애소설로 고급 창녀가 주인공이다. 그때까지 오페라는 신화나 전설을 소재로 삼은 작품이나 셰익스피어를 원작으로 하는 역사적 작품이 주류였다. 하지만 19세기 후반에 이르러 베르디에 의해 동시대 인물이 드라마에 등장하기 시작했다. 더욱이 창녀를 주인공으로 했다는 점에서 파격적이었다. 이 작품은 발표 직후 뜨거운 논란의 중심에 섰으며, 사회는 찬반양론이 격렬하게 대립했다.

참고로 1978년에는 〈라 트라비아타〉의 원작 소설을 쇼팽의 음악으로 풀어낸 발레극이 독일 슈투트가르트 주립 오페라극장에서 상연되기도 했다.

58
국민악파

♮

　오늘날에는 민족주의가 국제분쟁의 원인으로 지목되기도 하지만, 19세기 말에서 20세기에 걸친 음악은 민족주의라는 동력에 의해 발전했다.

　우선 낭만파 음악의 본거지인 독일에서는 게르만 민족의 전설과 민화를 음악으로 만든 작품들이 유행했다. 바그너가 대표적인데, 그의 오페라 대부분은 게르만 민족의 전설을 소재로 하고 있다.

　바그너와 동갑내기인 베르디의 경우, 이탈리아에서 통일에 대한 열망이 고조됨과 동시에 그의 주가도 치솟았다. 오페라 〈나부코〉 속에 등장하는 합창곡 '히브리 노예들의 합창'은 이탈리아의 국민 애창곡이 될 정도였다.

　이처럼 음악의 주류인 독일과 이탈리아에서 민족의식이 짙은 작품들이 탄생하자 덩달아 주변 국가들에도 영향을 미쳤다.

　러시아는 거대한 국토를 가진 강대국임에도 유럽 문명지에서 변방에 위치했기에 문화적으로 뒤떨어져 있었다. 전문적인 음악학교도 전무한 러시아에서 일류 음악가가 되려면 독일 유학이 필수였다. 그러다 19세기 중반, 러시아에도 음악원이 설립되는데 그 첫 졸업생 중 한 명이 차이콥스키였다. 독일과 이탈리아에서 최초의 전업 작곡가를 찾기란 힘들지만, 러시아에서는 찾기 쉽다. 차이콥스키가 전업 작곡가 1호인데, 이는 그만큼 러시아 음악이 서양에서 늦었다는 뜻이기도 하다.

차이콥스키는 독일 음악을 본보기로 삼으면서도 러시아 민족 특유의 정서를 담은 작품을 발표했다. 러시아인 중에는 그를 독일 음악에 편승했다고 비판하기도 한다. 웅장하고 장엄한 러시아 감성이 희석되고 지나치게 가볍다는 이유에서다. 아이러니한 일이다. 오히려 그 점 때문에 차이콥스키가 러시아 작곡가 중 세계적으로 가장 인기가 많으니까 말이다.

러시아에도 민족주의를 중시한 작곡가 집단이 있었다. 이른바 '러시아 5인조'가 그들이다. 이들은 민요로 전해지는 러시아 특유의 리듬과 멜로디를 도입한 작품을 만들어 러시아만의 음악을 확립했다. 러시아 5인조 멤버였던 무소륵스키와 림스키코르사코프의 작품은 오늘날도 자주 연주된다.

19세기 후반 유럽 전역에서 불길처럼 번진 민족주의 바람은 동유럽에도 불어닥쳤다. 오랫동안 합스부르크가(독일)의 지배를 받아온 체코에게 독립은 오랜 기간 민족적 숙원이었다. 독립에 대한 갈망은 체코에서 독자적인 음악을 확립하는 동력이 되는데, 이에 부응

카를 닐센　　　니콜라이 안드레예비치　　모데스트 무소륵스키
　　　　　　　　　림스키코르사코프

한 작곡가가 스메타나와 드보르자크다.

　이탈리아와 독일에서 확립된 작곡 기법과 음악 이론은 어떤 의미로는 보편성을 지녔기에 전 세계로 널리 전파될 수 있었다.

　반면 러시아와 동유럽의 경우 민요나 민족 음악으로 계승해온 음악이 있었지만 예술로 인정받지 못했다. 예술에 적합한 음악은 오직 이탈리아와 독일에서 발전한 음악(소위 클래식 음악)뿐이었다. 19세기 중반까지 이는 당연한 인식이었다. 그런데 음악의 본고장인 이탈리아와 독일에서 민족적 색채가 짙은 곡을 만들자 상황은 돌변했다. 러시아나 동유럽 국민들은 이탈리아와 독일의 민족적 정서가 담긴 곡까지 보편적인 음악으로 흔쾌히 받아들일 수는 없었다. 이를 계기로 그들은 인식의 전환을 맞이했다. 자국의 고유한 음악도 얼마든지 예술이 될 수 있다고 말이다.

　그렇게 이탈리아와 독일에서 나온 형식에 각국의 민족성이 가미된 음악이 탄생했다. 이는 결과적으로 클래식 음악의 다양성을 가져

왔다.

러시아나 동유럽, 북유럽에서 민족 고유한 특색을 반영한 음악이나 그런 음악을 만든 작곡가를 '국민악파'라 부른다. 앞서 언급한 러시아나 체코 작곡가 외에도 노르웨이의 그리그, 핀란드의 시벨리우스, 덴마크 닐센 등이 유명하다.

59
그리그

♮

　노르웨이를 대표하는 국민 작곡가 에드바르 그리그(Edvard Hager
up Grieg, 1843-1907). 노르웨이는 일본인에게 그리 친숙한 나라는
아니지만, 그리그의 음악은 친숙하다.

　노르웨이는 풍요로운 해변과 험준한 산간 지역을 가진 나라로 민
속 음악도 크게 성행했다. 그리그의 곡에는 민속 음악에서 영감을
얻은 작품이 많다. 민족성과 보편성의 절묘한 조화가 지구 반대편에
위치한 일본인의 감성에도 호소하는 바가 있었으리라.

　그리그는 1843년 노르웨이 베르겐시에서 태어났다. 아버지는 스
코틀랜드 혈통으로 상업을 하면서 영국 영사도 겸업했다. 어머니는
베르겐시 유력자의 딸로 독일에서 교육받은 피아니스트였다.

　노르웨이는 당시 독립국이 아니었다. 15세기부터 노르웨이 왕가
가 끊기고 덴마크 왕가의 지배를 받고 있었으며 1536년에는 완전히
덴마크에 예속됐다. 그런데 나폴레옹 전쟁에서 덴마크가 프랑스 편

으로 참전하는 바람에 패전국
이 되자 전후 처리 과정에서
노르웨이 지배권을 상실했다.
이때 노르웨이인들은 독립을
추진하지만, 열강의 제국 반대
에 부딪혀 독립운동은 실패로
돌아가고 스웨덴의 통치를 받
는 굴욕을 맛봐야 했다.

에드바르 그리그

　노르웨이 국민들이 독립을
염원하던 시절에 그리그는 유
년기를 보냈다. 그는 15세 되
던 1858년, 독일의 라이프치히 음악원에 입학해 작곡과 피아노를
배웠다. 하지만 유학 시절 별다른 소득을 얻지 못한 그리그는 1863
년부터 덴마크 코펜하겐으로 이주하는데, 그곳에서 친해진 음악가
들과 북유럽 음악 추진 그룹을 결성했다. 이것이 바로 그리그 민족
주의 음악 활동의 첫걸음이었다.

　이 무렵 교향곡, 피아노 소나타, 바이올린 소나타 제1번을 완성하
는데, 초기 작품에는 아직 독일 낭만파의 영향이 남아 있다. 이후 노
르웨이의 국민 시인 비에른손과 친해지면서 그의 희곡 〈십자군 시
구르〉를 상연하기 위한 음악을 만들었으며 1872년에 초연되었다.

　TV 광고에도 종종 삽입되는 그리그의 대표곡 〈페르귄트〉도 본래
연극에 삽입되는 음악이었다. 노르웨이 문호 헨리크 입센이 〈페르귄

트〉라는 희곡을 완성하는데, 애당초 그는 문학 작품으로 출간히기 위해 집필했다고 한다. 그러다 무대에 올리게 되면서 음악이 필요해졌고 그리그에게 의뢰한 것이다. 〈페르귄트〉는 1876년에 초연된 이후 연주회용 모음곡으로 다시 만들어졌다.

이처럼 그리그는 노르웨이 문학의 영향을 받으며 작품 활동을 했는데, 그래서인지 그의 음악에는 노르웨이의 민족성이 진하게 배어 있다.

피아니스트이기도 한 그리그는 피아노 협주곡 〈서정소곡집〉 같은 명곡도 작곡했는데, '북유럽의 쇼팽'이라고 불릴 만큼 탁월한 연주 기량을 선보였다. 아울러 성악가이던 아내 니나를 위한 가곡도 많이 썼다.

지휘자로도 활동했으나 1882년에 은퇴하고 이후에는 피아니스트로서 연주 여행을 다녔다. 1905년, 드디어 노르웨이는 스웨덴으로부터 독립을 쟁취했다. 꿈에 그리던 순간을 목격한 그리그는 2년 뒤인 1907년, 64세 나이로 눈을 감았다.

60
시벨리우스

독일 음악은 이념적으로 구축된 면이 많고 엄격한 형식이 중시된다. 그래서일까. 독일 음악을 듣다 보면 규격화된 공산품 같은 느낌이 든다. 당시 독일 작곡가 대다수가 대도시에서 거주했던 점도 영향이 있으리라. 반면 다수의 북유럽 작곡가는 독일 음악이 가진 작곡 기법과 자국의 민속 음악을 융합시킨 작품을 만들었는데, 그래서인지 자유롭고 전원적인 분위기를 풍긴다. 그 대표적 인물이 얀 시벨리우스(Jean Sibelius, 1865-1957)다.

시벨리우스는 1865년 핀란드의 수도 헬싱키에서 100킬로미터 정도 떨어진 인구 6만 명가량의 작은 마을 헤미린나에서 태어났다. 그곳은 숲과 호수로 둘러싸인 전통적인 무역 도시였다. 핀란드는 러시아 제국의 지배 아래 있었지만, 이 지역은 스웨덴의 영향권에 있었다.

외과의사이던 아버지는 시벨리우스가 겨우 두 살배기일 때 세상

얀 시벨리우스

을 떠났다. 다행히 친척의 도움으로 생계가 곤란하진 않았다. 5세 때 고모에게 피아노를 배우면서 음악을 본격적으로 접하는데, 학교에 입학할 무렵에는 작곡도 했다. 14세 때부터 바이올린도 연주했고 피아노를 치는 누나와 첼로를 치는 동생과 셋이 연주회를 열기도 했다. 바이올리니스트를 꿈꾸던 시기도 있었으나 1885년부터 헬싱키 음악원에서 본격적으로 작곡을 배우기 시작했다.

이 시기에 시벨리우스는 음악가와 화가의 모임 그룹에 들어가는데, 그곳에서 한 멤버의 누이인 아이노와 사랑에 빠졌다. 스웨덴 문화 속에서 자란 시벨리우스는 핀란드 문화를 중시하는 가정에서 자란 아이노 덕분에 핀란드 민족의식에 눈을 떴다.

1889년 베를린으로 유학을 떠난 시벨리우스는 바그너에 매료되고 한스 폰 빌로가 연주하는 베토벤에 감동하는 등 독일 음악에 경도되었다. 하지만 이후 빈으로 건너가 음악을 배우면서 헝가리와 루마니아에서 온 음악가들이 자국의 문화와 음악을 계승하려는 태도에 자극받아 핀란드 고유의 음악을 만들고자 결심했다.

바른 결심과는 별개로 사생활은 바르지 못했는데, 베를린과 빈에서 지내던 시절에 심한 낭비와 방탕한 생활을 일삼아 술과 도박에 빠져 지내는 시간이 많았다. 그 바람에 건강이 급속히 나빠져 입원하는 일마저 벌어졌다.

고향에 돌아온 시벨리우스는 심기일전하며 작곡에 매진했다. 그렇게 1892년, 핀란드의 전설 '카렐리아'를 토대로 한 〈쿨레르보 교향곡〉을 무대에 올려 대성공을 거두었다. 이후 아이노와 결혼에 골인하고 헬싱키 음악원 교수로 임명되는 등 일도 가정도 탄탄대로를 달렸다.

1899년 러시아와 핀란드의 관계가 악화되자 핀란드에서는 애국 운동이 활발해졌다. 시벨리우스는 역사극 〈역사적 정경〉을 위한 음악을 작곡하고 이를 연주회용 교향시로 각색하는데, 이것이 훗날 그의 대표작이자 핀란드의 '제2의 애국가'로 불리는 〈핀란디아〉다.

1904년, 시벨리우스는 수도 헬싱키에서 한적한 전원도시 얘르벤패로 거처를 옮겼다. 그는 투술라 호수 근처에 지은 집에서 남은 생애를 보냈다. 평생 교향곡 7곡을 썼으며 〈투오넬라의 백조〉, 〈타피올라〉 같은 교향시와 바이올린 협주곡까지 수많은 명곡을 남겼다.

제2차 세계대전 이후까지 살았으나 작곡 활동은 1920년대에 종지부를 찍었다. 1924년에 교향곡 제7번, 1925년에 〈타피올라〉를 쓴 뒤로 몇몇 곡을 완성했으나 이전의 작품들을 넘어서는 수준은 아니었다. 1957년, 시벨리우스는 향년 91세를 일기로 별세했다. 뇌출

혈 때문이었는데, 그의 장례식은 국장으로 치러졌다.

핀란드 지폐에 시벨리우스 초상화가 등장할 만큼 그는 국민 영웅으로 대접받고 있다. 참고로 시벨리우스 작품은 일본에서도 인기가 있는데, 핀란드의 민족성보다 숲이나 호수 같은 평화로운 대자연이 일본인 감성에 어필한다는 의견이 있다.

61
스메타나

'체코 음악의 아버지'라 불리는 베드르지흐 스메타나(Bedřich Smetana, 1824-1884). 그의 대표작은 단연 〈나의 조국〉이다. 체코의 자연과 역사를 노래하며 독립을 노래하는 6편 연작 교향시인 이 작품은 체코 민족 음악의 금자탑으로 평가받는다. 6개의 곡은 독립적이지만 전체를 한 흐름으로 듣는 게 바람직하다. 소설로 따지면 연작에 해당하는 셈이다.

스메타나는 1824년 체코의 보헤미아 지방에서 태어났다. 당시 체코는 오스트리아 지배를 받고 있었기에 국민들은 나라의 독립을 무엇보다 염원했다. 신동으로 이름을 날린 스메타나는 6세 때 피아노 연주회를 열었으며 전문 음악교육을 받은 후 스웨덴에서 피아니스트와 지휘자로 활약했다. 음악가로 활동하던 중 리스트 음악을 접하고 깊은 영향을 받은 그는 표제 음악인 교향시 작곡에 착수했다.

1861년 체코에서 독립운동의 불길이 거세게 타오르자 스웨덴에

베드르지흐 스메타나

체류하던 스메타나는 귀국길에 올랐다. 프라하에 당도한 그는 애국심을 고취하는 곡들을 작곡하며 국민들의 마음을 사로잡았고, 단숨에 체코의 대표 작곡가로 발돋움했다.

일본에서는 연작 교향시 〈나의 조국〉이 유명하지만, 체코에서 스메타나는 오페라 작곡가로도 이름을 날렸다. 생전에 프라하의 오페라극장에서 지휘자로 활약했는데, 1866년에는 자신의 오페라 〈팔려 간 신부〉를 무대에 올리기도 했다.

그러나 불행한 비극이 그를 집어삼켰다. 건강에 이상이 생기면서 지휘자 자리에서 쫓겨나듯 물러나야 했으며, 엎친 데 덮친 격으로 청력마저 잃어버린 것이다. 〈나의 조국〉은 청력을 완전히 상실한 상태에서 체코의 독립을 바라는 절절한 마음을 담아 완성한 곡이다. 스메타나는 지휘자 일을 그만두면서 궁여지책으로 작곡에 전념하기 시작했다. 하지만 매독에 따른 정신분열증을 앓게 되고, 결국 보호시설에서 숨을 거두었다. 실로 비참한 최후가 아닐 수 없다.

대표작 〈나의 조국〉은 1872년에서 1879년까지 만들어진 모음곡으로, 두 번째 곡인 '몰다우'가 가장 유명하다. 남보헤미아의 숲에서 흘러나와 프라하시를 가로질러 흐르는 몰다우강이 마침내 엘베

강과 만나는 모습을 환상적으로 그려내며 애국심을 표현했다. 선율이 무척 아름다워 오늘날 자주 연주되는 명곡이다.

모음곡 전체는 '높은 성', '몰다우', '샤르카', '보헤미아의 숲과 초원에서', '타보르', '블라니크'로 구성되어 있다. '몰다우'가 인기를 끈 이유는 워낙 선율이 아름답기도 하지만 곡 자체가 강물이 평화롭게 흐르는 풍경을 떠오르게 하기 때문이다. 나머지 곡들은 체코의 역사나 신화를 표현하고 있어서 사전 지식이 없으면 이해하기 어렵다.

매년 5월에 체코에서는 '프라하의 봄' 음악제가 열리는데, 스메타나의 기일인 5월 12일에 〈나의 조국〉을 연주하면서 음악제의 막이 오른다.

62
드보르자크

♭

스메타나와 함께 체코를 대표하는 작곡가 안토닌 드보르자크 (Antonín Dvořák, 1841-1904)는 1841년 프라하 근교인 보헤미아 지방에서 태어났다. 아버지는 여관과 정육점을 운영하면서 아마추어 음악가로 활동했는데, 드보르자크도 어린 시절부터 음악적 재능을 보이며 바이올린을 배웠다. 1857년에는 프라하의 오르간 학교에 입학해 비올라 연주자로 활약했다.

드보르자크는 졸업 후 카렐 콤자크 악단에 비올라 연주자로 입단하는데, 본격적인 오케스트라가 아닌 까닭에 호텔이나 레스토랑에서 연주하곤 했다. 그러다 1862년, 프라하에 국립극장이 설립되자 이곳에 소속된 오케스트라의 비올라 연주자가 되었다. 당시 수석 지휘자가 스메타나였으니, 체코를 대표하는 양대 작곡가의 역사적 만남이 이루어지는 순간이었다.

1865년에 최초의 교향곡을 썼고, 1870년에 최초의 오페라 〈알

프레드〉를 완성했다. 그러나 무대에서 상연하지는 않았다. 그러다 1873년에 만든 애국적 칸타타 〈찬가〉가 상연되면서 성공을 거두었다. 1871년에 오케스트라까지 그만두며 작곡에만 몰두했던 노력이 2년 뒤에야 보상받은 셈이다.

바그너 음악에 심취하던 시기도 있었지만, 그 초기 이후에는 바그너와 날카로운 대

안토닌 드보르자크

립각을 세우던 브람스와도 친분을 맺었다. 그가 독일인이었다면 바그너나 브람스 중 한쪽 진영을 선택하라고 강요받았을지 모른다. 하지만 그는 독일인이 아니었고, 체코와 독일은 거리도 상당히 떨어져 있었기에 그럴 염려는 없었다.

1878년, 그는 체코의 민족적 색채가 짙게 드러난 〈슬라브 무곡〉을 발표했다. 민요와 민속 무곡이 클래식 음악으로 승화된 이 작품으로 그는 국제적인 명성을 얻었다.

누군가는 민요나 민속 무곡이 인용되었다는 이유로 이 곡의 오리지널리티를 비판한다. 소위 '카피'가 아니냐는 얘기다. 그러나 무엇을 모방할지 판별하는 것도 재능이고 그것을 독창적으로 차용하는 것도 창조다. 기존에 존재하는 다양한 음악을 차용하지만, 드보르자

크는 자신만의 스타일로 곡을 완성했다.

반면 스메타나는 국민 음악을 정의하는 데 드보르자크와 다른 입장을 견지했다. 그에게 국민 음악이란 민족 고유의 역사나 이야기를 소재로 삼되, 보편적인 서양 음악 형식으로 만드는 것이었다. 드보르자크처럼 민요나 민속 무곡을 차용하는 데는 부정적이었다.

드보르자크는 본래 프라하 음악원에서 작곡을 가르치기로 되어 있었으나 예정을 바꿔 1892년 가을부터 2년간 뉴욕 내셔널 음악원 원장으로 초빙되어 미국으로 건너갔다.

이때부터 클래식 음악사에 미국이 등장하기 시작한다. 당시 미국은 독립하고 150년 정도가 지난 상태였으며 풍부한 자원을 가진 강대국의 길을 가는 중이었다. 미국에 이주한 사람들은 독자적인 문화를 구축하지만 동시에 유럽문화에 대한 향수도 간직한 채였다. 경제적으로 풍요로워지자 미국인들은 앞다퉈 유명한 유럽 음악가를 초청해 연주회를 열었다. 유럽의 음악가들에게 미국은 잠재력 있는 시장으로 다가왔던 셈이다. 미국이 자국 태생의 작곡가나 연주가를 배출하는 건 더 나중 일이다.

뉴욕 내셔널 음악원은 미국의 국민 음악가를 양성하기 위해 설립되었다. 유럽의 이민 국가로서 유럽 음악을 동경했지만 경제력이 높아지자 독자적인 음악을 만들려는 움직임이 활발해진 것이다. 드보르자크는 뉴욕 내셔널 음악원에 고액의 보수로 초빙되었다.

2년 임기는 작곡가를 키우기엔 더없이 촉박한 시간이었지만 미국과 드보르자크에게 결코 헛된 시간이 아니었다. 그는 체코의 국민악파답게 미국에서 아메리칸 인디언과 흑인의 음악을 수집하고 연구했는데, 이를 토대로 세계적 걸작인 교향곡 제9번 〈신세계로부터〉와 현악 4중주곡 제12번 〈미국〉을 완성했다. 그렇게 드보르자크를 통해 미국이라는 거대한 음악 시장이 유럽 음악계에 알려지기 시작했다.

임기가 끝난 뒤 고국으로 돌아온 드보르자크는 프라하 음악원 교수가 되어 후진을 양성했고 오페라 작곡에도 도전했다. 체코를 넘어서 세계적 거장의 반열에 오른 그는 1904년에 사망했다. 장례식은 국장으로 거행되었으며, 지금도 체코 국민이 가장 존경하는 인물 중 한 명으로 손꼽힌다.

63

러시아
5인조

♮

러시아의 국민악파는 미하일 글린카로부터 시작된다. 그는 부유한 대지주 가문에서 태어난 귀족 출신이었다. 큰아버지가 농노로 구성된 악단을 소유한 덕분에 그들의 연주를 들으며 음악에 관심을 가졌다. 재력가 부모는 아들에게 피아노, 바이올린, 성악, 지휘, 작곡 등 아낌없이 교육시켰지만 현실적인 벽도 있었다. 당시 러시아에는 음악원이 없어 전문적인 교육을 받을 여건이 아닌 데다 귀족이 음악가가 된다는 건 상상도 못 할 시대였던 것이다.

러시아는 표트르 대제 때부터 국가기구를 비롯해 문화 전반에서 독일을 본보기로 삼았다. 러시아 민족 음악에 관심을 갖는 상류층은 거의 없었다. 러시아 고유의 음악을 갈망했던 글린카는 그만큼 이질적인 존재였던 셈이다.

1830년 건강이 악화된 글린카는 의사의 권유로 러시아보다 따뜻한 이탈리아와 독일로 요양을 떠났다. 명목은 요양이었으나 그곳에서 그는 음악을 스펀지처럼 흡수했다. 밀라노, 로마, 나폴리 등 이탈리아에서 벨리니와 도니제티의 오페라를 연구하고 베를린에서는 음악 이론을 배웠다. 그러다 1834년에 아버지의 부고 소식을 듣고 러시아로 돌아왔다.

귀국한 글린카는 상트페테르부르크에서 문학 동아리에 들어가 푸시킨 같은 문호와 친분을 나누었다. 이후 러시아를 테마로 한 오페라를 만들고자 시인 주코프스키와 상담한 끝에 러시아 황제의 궁정에 머무르는 에골 로젠 남작에게 오페라 대본을 받는 데 성공했다. 이 대본을 토대로 작곡한 작품이 최초의 러시아 오페라 〈황제에게 바친 목숨〉이다. 17세기를 무대로 로마노프 왕조의 초대 황제인 미하일 로마노프를 폴란드군으로부터 지키기 위해 목숨 걸고 싸우는 농부 이반 스사닌의 이야기다. 〈황제에게 바친 목숨〉은 1836년 상트페테르부르크 극장에서 초연되어 성공을 거두었다. 러시아 국민 음악의 역사가 시작되는 순간이었다.

밀리 발라키레프는 글린카의 첫 제자로, 자신과 같은 세대인 젊은 음악가 네 명을 모아 일명 '러시아 5인조'를 결성했다. 발라키레프는 먼저 세자르 퀴를 1856년에 만나는데, 그 이듬해인 1857년에 글린카가 베를린에서 급사했다. 같은 해, 발라키레프는 모데스트 무소륵스키를 만나고 1861년에는 니콜라이 안드레예비치 림스키코르사코프를, 1862년에는 알렉산드르 보로딘을 그룹에 추가했다.

러시아 5인조는 반서양·반프로페셔널리즘·반아카데미즘을 공통 이념으로 삼고 러시아의 독자적인 음악을 모색했다. 다섯 명 모두 저마다 강한 개성을 지닌 인물들이었는데, 모여서 하나의 음악을 만들거나 행동을 함께하지는 않았다. 1870년대에 들어서자 이들의 결속력이 느슨해지면서 실질적으로는 해체 수순을 밟았다.

러시아 5인조의 다음 세대인 차이콥스키는 이들과는 다른 길을 걸었다.

64
무소륵스키

모데스트 무소륵스키(Modest Petrovich Mussorgsky, 1839-1881)는 러시아 5인조 중 가장 지명도가 높은 인물로, 작품으로는 〈전람회의 그림〉, 〈민둥산의 하룻밤〉 등이 유명하다. 아마 둘 다 일반인이 접근하기 쉬운 표제 음악이라는 점도 인기를 끈 이유 중 하나일 것이다.

무소륵스키는 1839년 러시아 카레보에서 태어났다. 지주 귀족 출신으로 어머니에게 피아노를 배워 9세 때 피아노 협주곡을 작곡할 만큼 음악적으로 두각을 드러냈다. 1849년에 가족이 상트페테르부르크로 이주하면서 헬케라는 피아노 교사에게 음악을 배웠다. 1851년에는 육군사관학교에 들어가고 이듬해에는 근위사관학교에 들어가는데, 그러면서도 독학으로 작곡 공부를 계속했다.

1856년 중위이던 무소륵스키는 군의관으로 복무하던 보로딘을 만났다. 두 사람은 급속히 친해지고 보로딘을 통해 퀴와 발라키레프를 알게 되었다. 1857년부터 무소륵스키는 작곡을 배우고자 발라키레프를 찾아가고 이듬해 퇴역했다.

모스크바를 여행하며 러시아인의 자부심을 되새기고 상트페테르부르크로 돌아온 무소륵스키. 그는 곧바로 과거의 습작 피아노곡을 오케스트라 버전으로 만드는 작업에 착수했다. 이 곡은 1860년 러시아 교회 연주회에서 상연되는데, 당시 상당한 호평을 받았다.

1861년 러시아는 농노해방이라는 거대한 개혁의 바람이 불어닥쳤다. 농노가 해방되자 지주였던 무소륵스키의 집안은 몰락하고, 그는 생계를 위해 관청에 취직했다.

관공서에서 근무하며 틈틈이 작곡을 이어가는 무소륵스키는 1868년에 대작 오페라 〈보리스 고두노프〉를 완성했다.

그를 세계적 거장으로 이끈 〈전람회의 그림〉은 1871년 작품이다. 39세 나이로 요절한 화가이자 친구인 하르트만의 유작 전시회를 보러 갔을 때 받은 인상을 음악으로 만들었다고 한다. 이 전시회에는 총 400여 점이 출전했으나 현존하는 작품은 3점뿐이다. 무소륵스키는 전시된 그림 중 10점에서 영감을 얻어 이 작품을 완성했다. 그 덕분에 하르트만이라는 이름도 역사에 남았다.

1880년에는 관공서를 그만두고 친구들의 지원을 받으며 오페라 〈호반시나〉 완성에 몰두했다. 그러나 날마다 술독에 빠진 무절제한 생활을 이어가다 궁핍한 생활고 속에서 1881년 숨을 거두었다. 〈호반시나〉는 미완으로 남았고 림스키코르사코프가 뒤를 이어 완성했다.

음악사에서 무소륵스키처럼 거물급 작곡가가 생존 당시 이름을 날리다가 가난 때문에 죽는 일은 극히 드물다.

본래 피아노 버전으로 작곡된 〈전람회의 그림〉을 프랑스 작곡가 모리스 라벨이 오케스트라 버전으로 편곡했는데, 현재는 편곡 버전이 더 자주 연주된다. 그 밖에 〈민둥산의 하룻밤〉도 연주 빈도가 높다.

65
차이콥스키

음악에서 민족주의가 가장 먼저 고취된 곳은 러시아였다. 러시아는 예카테리나 2세가 독일 출신인 데다 정치, 사회, 문화 모든 면에서 독일의 영향을 크게 받은 까닭에 출세한 음악가들은 예외 없이 독일식 교육을 받았다.

그러나 19세기 후반에 이르러 독일의 영향에서 벗어나야 한다는 러시아 지식인들의 주장이 거세진다. 이런 분위기는 문학에서 시작해 음악에도 영향을 미치는데, 이는 러시아 5인조 결성으로 이어졌다. 평론가 발라키레프를 주축으로 퀴, 보로딘, 무소륵스키, 림스키 코르사코프가 5인조 안에 이름을 올렸다. 그들은 러시아 민족 고유의 음악을 만들기 위해 오페라 작곡에 몰두했으며 이윽고 러시아 오페라라는 장르를 확립했다.

반면 이들 5인방과 대립하는 형태로 등장하는 인물이 표트르 일리치 차이콥스키(Ilich Tchaikovsky, 1840-1893)다.

차이콥스키는 1840년에 러시아 우랄 지방 봇킨스크에서 광산 수석 감독관의 둘째 아들로 태어났다. 음악적으로 축복받은 환경은 아니었으나 어릴 때부터 남다른 음악적 재능을 보였다. 하지만 아버지는 아들이 음악가보다 법률가가 되기를 원했다. 그는 아버지 뜻에 따라 법률학교를 졸업하고 1859년 법무성에

표트르 일리치 차이콥스키

들어가지만 여전히 취미로 음악을 지속해갔다. 그 와중에 1861년 러시아음악협회가 전문적인 음악교육을 시작했다. 1862년에 상트페테르부르크 음악원이 창설되자 그는 법무성을 그만두고 그해 1기생으로 입학했다. 1866년에 졸업한 뒤에는 모스크바에 창설된 음악원에 교수로서 부임했다.

의도치는 않았으나 차이콥스키는 러시아를 대표하는 두 음악원에 관여한 셈이다. 1866년에는 그의 첫 번째 교향곡인 〈겨울날의 환상〉이 초연되었으며, 첫 오페라 〈지방 장관〉도 완성됐다.

차이콥스키는 러시아의 전업 작곡가 1호이자 세계에서 가장 유명한 러시아 작곡가이다. 소련 시절에도 명실상부 자국을 대표하는 예술가로 인정받았다. 발레나 오페라에서도 눈부신 명작을 여럿 남

겨 오늘날 모스크바의 볼쇼이 극장에서 자주 상연된다. 제정 시대에서도, 공산당 정권 아래서도 그리고 자본주의 사회가 된 지금도 '러시아가 낳은 최고의 작곡가'로서 그의 위상은 변함없이 유지되고 있으며 앞으로도 그럴 것이다.

작곡가로서는 성공적인 삶을 보낸 것과는 달리 사생활은 상당히 비극적이었다. 한때 오페라 가수와 사랑에 빠지지만, 파국을 맞이하고 부유한 미망인으로부터 오랜 세월 후원을 받았지만 서신 교환이 전부였다고 한다. 음악원 학생과 결혼도 했으나 얼마 안 가 파경을 맞이하고 자살을 생각할 만큼 깊은 절망에 빠졌다. 그러다 〈비창 교향곡〉 초연 이후 갑작스레 세상을 떠나는데, 일설로는 동성애 성향 때문에 자살했다는 얘기가 있다.

차이콥스키는 지휘자로서도 재능을 발휘해 유럽 전역과 미국에서 활동했다. 발레 음악에도 일가견이 있었는데 그가 남긴 발레곡 〈백조의 호수〉, 〈잠자는 숲속의 미녀〉, 〈호두까기 인형〉은 그의 3대 발레곡이자 세계 3대 발레곡으로 불린다. 그만큼 발레 음악의 최고봉으로 평가받는 걸작이다.

러시아 5인조가 러시아 음악계에서 비주류였던 데 반해 차이콥스키는 러시아 음악계의 왕도를 따르는 엘리트 중 엘리트였다. 그 때문에 차이콥스키는 음악적으로 독일의 표준적 형식을 고수했고, 이 점이 민족주의자에게 공격받는 이유가 되기도 했다. 요컨대 서구 음악에 편향되어 러시아답지 않다는 얘기였다. 하지만 러시아인이 아닌 사람이 보면 차이콥스키의 음악은 충분히 러시아다운 음악이다.

모름지기 민족 색채가 지나치면 다른 민족에게 이질감이 느껴지는 법이다. 차이콥스키가 그 점까지 계산에 넣고 작곡했을지는 모르겠지만 말이다. 확실한 건 차이콥스키가 러시아 민속 음악과 서구의 음악을 절묘하게 접목하면서 대중성을 획득했고, 오늘날 전 세계 공연장에서 그의 음악은 어느 러시아 작곡가보다 활발하게 연주된다는 사실이다. 어쩌면 그는 타국에서도 자신의 음악이 선뜻 받아들여질 만한 요소를 무의식중에 포착하고 있었을지도 모른다.

66
〈비창〉

차이콥스키는 1893년 교향곡 제6번 〈비창〉을 초연한 지 9일 만에 급사했다. 아직도 그의 죽음을 둘러싸고 온갖 추측이 난무하는 까닭에 모차르트와 함께 '미스터리 죽음'으로 여겨진다.

음악을 비롯해 예술에는 형식이라는 게 있다. 거스른다고 법적으로 처벌받지는 않지만, 당대 지식인들에게 거센 공격을 받는다. 그럼에도 뛰어난 작품성으로 사람들을 설득시키면 '기존 상식을 타파하고 새로운 형식을 시도했다'는 평가를 받으며 혁명적인 걸작으로 역사에 기록된다.

당시 교향곡은 4개 악장으로 구성되며 마지막 악장은 빠른 템포로 기세를 올리면서 끝내는 게 불문율이었다. 그런데 차이콥스키는 〈비창〉에서 이 상식을 깼다. 〈비창〉은 초보자용 클래식 입문곡으로 유명하지만, 알고 보면 음악계에 일대 파란을 일으킨 혁명적인 작품이다. 그저 애잔한 슬픔이 감도는 우울한 곡이 아니라는 얘기다. 그렇기에 차이콥스키의 〈비창〉을 제대로 이해하려면 클래식 음악사를 알아야 한다.

〈비창〉은 차이콥스키 자신의 지휘로 초연되었는데, 당시에는 평이 썩 좋지 않았다. 클라이맥스 없이 스러지듯 끝나는 곡에 청중은 어떻게 반응해야 좋을지 몰랐다. 그러나 혁명적인 작품은 대부분 이런 전철을 밟게 마련이다. 음악사에 새로운 지평이 열리는 기념비적인 순간을 마주하는 사람들은 모른다. 그것이 역사적으로 얼마나 중요한 의미를 지니는지를 말이다. 〈비창〉이 초연되었을 때 사람들이 의미를 알 수 없는 이상한 곡이라고만 생각했던 것처럼!

그러나 차이콥스키는 좌절하지 않았다. 실망스러운 평가에도 그는 호언장담했다. 이 곡은 언젠가 걸작으로 평가받을 것이라고. 그러다 악보를 출판하게 되면서 '비창'이라는 표제가 붙었다. 당초 차이콥스키는 표제를 붙일 생각이 없었지만, 출판사 측의 요청으로 붙였다고 한다. 출판사가 '비극적'과 '비창'이라는 두 가지 제목을 제안하자 남동생은 전자를 권했으나 차이콥스키가 '이건 그런 곡이 아니다'라고 거부해 어쩔 수 없이 남은 '비창'이 선택되었다.

교향곡 역사에 길이 남을 대혁명을 이룬 차이콥스키였지만, 본인은 초연 후 9일 후에 갑작스레 사망했다. 공식적인 사인은 콜레라였다. 누군가는 차이콥스키가 〈비창〉을 만들면서 죽음을 예언했다고 해석하기도 한다. 앞으로 닥쳐올 죽음을 슬퍼하는 듯한 비통한 곡조이기 때문이다.

하지만 이 주장은 논리적으로 맞지 않다. 콜레라는 증상이 나타난 뒤 몇 시간에서 수일 내에 사망하는 치명적 질병이다. 그가 정말 콜레라 때문에 급사했다면, 작곡하는 도중에 그렇게 될 운명임을 알았다는 게 시간상으로 맞지 않는다. 차라리 자살을 염두에 두고 작곡했다는 설이 더 설득력 있다.

그렇다면 왜 자살해야 했을까. 자살을 주장하는 사람은 차이콥스키가 동성애자였으며 그것이 사회에 알려지면서 괴로워했다고 말한다. 오늘날 동성애자라는 사실이 알려졌다고 자살하는 사람은 드물겠지만, 19세기 러시아에서 동성애는 금기였다. 동성애자임이 밝혀지면 사회적 매장을 각오해야 했다. 어느 연구가는 차이콥스키가 귀족 의원의 조카와 관계를 가졌는데, 이를 알게 된 귀족이 그에게 자살을 강요했다고 주장한다. 그래서 일부러 콜레라에 걸려 죽음을 맞이했다는 것이다. 물론 어디까지나 추측일 뿐이다.

차이콥스키가 실제로 동성애자였다는 증거는 없다. 하지만 그의 사생활을 보면 그렇게 짐작하는 것도 무리는 아니다. 여성과의 연애나 결혼은 늘 파경으로 끝났으며 오랜 후원자였던 메크 부인과는 오직 편지만 주고받는 등 여성과의 관계에서 남성이 가질 법한 욕망이 보이지 않으니까 말이다.

그의 죽음은 지금까지도 갖가지 추문에 휩싸여 있지만, 그렇다고 〈비창〉이 위대한 걸작이라는 사실은 달라지지 않는다.

67
브람스

'무엇을 작곡했는가'보다 '무엇을 작곡하지 않았는가'가 그 작곡가를 말해주는 경우가 있다. 요하네스 브람스(Johannes Brahms, 1833-1897)가 그런 경우다. 그는 낭만파 시대에 활동한 독일 작곡가이면서도 낭만파의 주요 장르인 오페라와 교향시에는 관심이 없었다.

그렇다면 브람스는 음악과 문학의 융합에 관심이 없었을까? 그렇지는 않다. 가곡은 다수 작곡했다. 아마도 오케스트라를 통해 문학적 소재를 표현하려는 마음이 없었는지도 모른다.

브람스는 1833년 독일 함부르크에서 태어났다. 아버지는 극장 오케스트라의 콘트라베이스 연주자였는데 생활은 곤궁했다. 같은 음악가라고 해도 출신이나 배경에 따라 계급이 나뉘는 건 예나 지금이나 마찬가지인가 보다. 음악계 변방 출신일지언정 브람스는 아버지에게 피아노를 배웠고 10세 때 피아니스트로 데뷔해서 주목받았다. 이를 계기로 피아노를 가르치거나 편곡 일을 하면서 생계를 꾸려나갔다.

1853년, 20세가 되자 인생의 전환기가 찾아왔다. 당시 유명한 바이올리니스트인 요제프 요아힘을 통해 슈만 부부를 소개받은 것이다. 그는 슈만 앞에서 자작곡 피아노 소나타를 연주하는데 슈만에게 '베토벤의 후계자'라는 극찬을 받았다. 이를 세기로 브람스는 슈만 부부와 평생 인

요하네스 브람스

연을 맺게 되었다.

브람스가 교향곡 제1번을 완성한 것은 1876년의 일이다. 슈만이 죽기 직전인 1855년에 착수했다고 하니 완성하기까지 무려 20년이나 걸린 셈이다. 그사이에 다른 작품을 작곡했기에 이 곡에만 몰두했던 건 아니지만 상당한 시간이 걸린 건 사실이다. 브람스는 평소 깊이 존경하던 베토벤의 교향곡을 넘어서지 못한다면 의미가 없다고 생각했다. 그가 교향곡을 완성하는 데 그토록 오랜 시간이 걸린 건 이러한 중압감이 작용했기 때문이리라.

하지만 오랜 진통 끝에 교향곡 제1번을 완성한 뒤로는 비교적 빠른 속도로 나머지 교향곡 세 곡을 발표했다. 네 곡 모두 브람스의 재능이 유감없이 발휘된 명곡들로, 오늘날 콘서트에서 자주 연주되며

녹음 CD도 많다. 모두 표제는 없는데 그런 의미에서 고전파 양식을 고수했다고 볼 수 있다.

당시 브람스를 신고전파라고 불렀는데, 이를 반동 혹은 보수라고 여기며 시대에 뒤처졌다고 비판하는 이들도 있었다. 그러나 이는 명백한 오해다. 브람스의 교향곡은 표제가 없지만, 곡에는 분명한 감정이 느껴진다. 고전적 양식을 계승했지만, 브람스는 분명 낭만파의 음악적 영향을 받은 작곡가다.

프랑수아즈 사강의 소설《브람스를 좋아하세요》가 잉그리드 버그만 주연의 작품〈굿바이 어게인〉으로 영화화되었을 때, 브람스 교향곡 제3번의 3악장이 주제곡으로 삽입되었다. 이런 사실에서 짐작하듯 브람스의 음악은 애수와 감성이 진하게 느껴진다. 누군가는 지나치게 감성적이라는 이유로 브람스의 음악을 평가절하하지만 말이다.

브람스는 표제가 없는 절대 음악의 형식에 표제 음악의 특성을 담아내 교향곡의 개혁을 이룬 인물이었다. 리스트가 베토벤의 혁명성을 계승하면서도 교향시라는 새로운 장르를 개척했다면, 브람스는 고전파 양식을 견지하면서도 그 안에 새로운 정신을 담아냈다.

기술적인 면에서도 브람스의 교향곡은 전통적인 형식 속에서 진보적인 변화를 시도했다. 낡았지만 새롭다고 해야 할까. 그는 누구보다 베토벤을 동경했지만, 하이든과 모차르트 음악에도 상당한 식견이 있었다. 또한 바로크 음악에도 관심이 많아 바흐에 관하여 깊이 연구했다.

1896년에 클라라 슈만이 77세 나이로 사망하자 브람스도 이듬해 세상을 떠났다. 당시 그의 나이 64세였다. 평생 독신으로 살았으며 클라라와의 관계가 지금까지도 회자되지만 두 사람은 그 어떤 말도 남기지 않았고 증거도 없다. 결국 두 사람이 모두 숨을 거두면서 둘의 관계는 영원한 수수께끼로 남았다.

68
브루크너

♮

브람스와 동시대에 빈에서 활약한 요제프 안톤 브루크너(Josef Anton Bruckner, 1824-1896). 그는 교향곡을 9개나 작곡했는데, 이는 전례가 없을 만큼 많은 수준이다. 표제가 없는 교향곡만 만들고 오페라나 교향시를 쓰지 않았다는 점에서 브람스와 비슷하지만, 브루크너가 사사한 바그너와 브람스 사이가 견원지간이라 서로 친해질 수는 없었다.

브루크너는 1824년 오스트리아의 린츠 근교의 안스펠덴에서 태어났다. 오르간 연주자인 아버지를 어릴 때 여의고 성 플로리안 성당에서 오르간을 배웠다.

젊은 나이에 생활 전선에 뛰어든 브루크너는 17세 때 초등학교 보조교사로 들어가고 얼마 안 가 정식 교사가 되었다. 교사 일을 하면서도 빈으로 가서 지몬 제히터에게 화성학과 대위법을 배우는 등 음악 공부를 지속하다가 1855년에 린츠 대성당의 오르가니스트가

요제프 안톤 브루크너

됐다.

1864년, 바그너의 오페라 〈탄호이저〉를 보고 충격을 받은 브루크너. 그는 단숨에 바그너 음악에 매료되었다.

1868년에는 빈 음악원 교수로 취임하고 이후로도 교향곡을 다수 작곡하지만, 좀처럼 인정받지 못했다. 그럼에도 포기하지 않고 교향곡을 꾸준히 만들었다. 최초의 교향곡은 1863년이지만 습작 수준이라 정식 번호가 매겨지지 않고 나중에 제00번으로 발표되었다. 정식으로 제1번이 붙은 교향곡은 1866년, 제0번은 1869년(사후 발견된 작품으로 습작이라 00번처럼 0번이 붙었다), 제2번이 1872년에 작곡했다. 1873년에 동경하던 바그너를 만나게 된 브루크너는 당시 작곡 중이던 제3번을 헌정하며 존경심을 표했다고 한다.

유년기부터 교회에서 자라고 배운 브루크너는 누구보다 독실한 신자였다. 하지만 그가 추종하던 바그너는 기독교와는 거리가 먼 사람이었다(굳이 따지자면 천사보다 악마에 가깝다). 자고로 평화로운 천사의 음악보다 파멸적인 악마적 음악이 사람들의 흥미를 끄는 법이다. 왜 브루크너는 자기 음악과 정반대 성향인 바그너를 신봉했을까. 아무도 모른다. 인간이라는 존재는 자기에게 없는 부분을 동경하게 마런이라고 적당히 둘러대면 그만이다. 어쨌든 브루크너는 자연스레 바그너파의 일원이 되었다.

1890년대에 이르러 브루크너도 빈 음악계에서 저명한 작곡가로 입지를 확립해 나아갔다. 교향곡도 작곡하고 과거에 완성했던 자작곡을 개정하는 등 활발하게 활동하다가 교향곡 제9번을 3악장까지 완성한 시점에서 사망했다.

이 시대에 음악으로 돈을 벌려면 오페라나 악보가 팔리는 기악곡, 실내악곡을 써야 했다. 무명의 작곡가가 쓴 교향곡은 결코 수입에 도움 되지 않았다. 브루크너는 어떻게 교향곡에 전념할 수 있었을까. 아마도 교직이라는 안정적인 직업을 가진 덕분이리라. 말하자면 본업을 지속하면서 부업으로 교향곡을 작곡했다는 얘기다.

본업이 아니어서였을까. 그는 살아생전 자기 작품을 무대에 올릴 기회를 좀처럼 얻지 못했다. 작곡가로서 명성을 얻기 시작한 건 말년이 다 되어서였다.

오늘날 브루크너의 교향곡은 제4번 이후 작품들이 자주 연주된다. 웅장한 스케일을 자랑한다는 점에서 바그너의 영향이 엿보인다. 제목이 없는 절대 음악으로 제4번에만 예외로 '낭만적'이라는 표제가 붙었다. 교향곡 제4번이 특히 유명한데, 합창이 없으니 종교 음악은 아니나 오르간 특유의 울림 방식이 느껴져 대성당에 어울리는 종교곡처럼 들린다.

살면서 수많은 여성에게 구애했지만 사랑은 결실을 보지 못했으며 평생 독신으로 살았다.

69

말러

♮   .

구스타프 말러(Gustav Mahler, 1860-1911)는 생전에 누구도 부정할 수 없는 당대 최고의 오페라 지휘자였지만, 작곡가로서는 '질릴 정도로 긴 곡을 쓰는 사람' 정도의 인지도밖에 없었다. 그는 51세가 되기 직전에 사망하는데, 생애 후반부에 가서야 그의 곡들이 걸작으로 인정받았다. 말러가 지휘자로 활약하던 시절에는 녹음 기술이 없었기에 지휘자로서의 업적은 문헌 속에 실린 연주 비평으로만 알 수 있다. 명불허전의 탁월한 지휘자 모습은 역사 속으로 사라졌지만, 사후 50년이 지난 1960년대부터 그가 남긴 음악은 가히 신드롬이라 할 만큼 선풍적 인기를 끌기 시작했다.

말러는 1860년, 당시 오스트리아 제국의 영토이던 보헤미아에서 유대인 사업가 아들로 태어났다. 유대계지만 독일 문화권에서 성장한 그는 4세 때 아코디언을 켰으며 10세 때 첫 피아노 연주회를 열었다. 1875년, 그는 15세 나이로 빈 음악원에 입학했고, 1877년에 교수로 재직 중이던 브루크너의 강의를 듣기도 했다.

졸업은 했으나 베토벤상에 응모한 작품이 낙선하면서 작곡가 길을 단념하고 지휘자로 전향했다. 카셀·프라하·라이프치히 등 오페라극장에서 지휘자로 활동했으며, 1888년에는 28세 나이로 부다페스트의 헝가리 왕립 오페라극장 음악감독으로 취임했다. 지휘자로 승승장구하던 와중에도 틈날 때마다 작곡했는데 '방황하는 젊은이의 노래', '어린이의 이상한 뿔피리'라는 가곡 등이 이 시기 작품이다. 헝가리 왕립 오페라극장의 음악감독으로 취임하던 해에는 교향곡 제1번도 완성했다.

1891년 독일 함부르크 시립 오페라극장을 거쳐 1897년 유럽 음악계의 최정점인 빈 국립 오페라극장 총감독으로 취임하면서 말러는 오페라 지휘자로서 음악계를 평정했다. 이후 10년 동안 그는 빈 국립 오페라극장에서 눈부신 활약을 펼치며 명실상부 최고의 지휘자로 군림했다. 그는 단순히 오케스트라를 이끄는 지휘자로서의 역할에 그치지 않고 무대 연출의 책임자로서 음악, 연기, 무대미술 전반을 개혁해 나아갔다. 특히 바그너와 모차르트 연주에서 지휘자 말러의 진가가 빛을 발했다.

1902년, 말러는 알마 쉰들러와 결혼했다. 알마는 예술적 재능이 넘치는 자유분방한 여성으로 화가 클림트의 연인으로도 유명했다. 둘 사이에 두 딸이 태어나지만 1907년에 장녀가 세상을 뜨고 말았다. 1901년부터 1904년에 걸쳐 말러가 작곡한 가곡집 〈죽은 아이를 그리는 노래〉에 그려진 슬픔을 실제로 경험하게 되었다. 이 무렵

알마 말러　　　　　구스타프 말러

부터 부부 사이도 금이 가기 시작하고 말러는 급격한 건강 악화로 결국 심장병 진단을 받았다.

　1907년, 그는 빈 국립 오페라극장을 그만두고 미국으로 건너가 뉴욕 메트로폴리탄 오페라극장에서 지휘자로 활동했다. 이후에는 뉴욕 필하모닉 지휘자로 취임하여 매년 유럽과 미국을 반년씩 오가는 생활을 했다.

　1910년 뮌헨에서 자신의 교향곡 제8번을 스스로 지휘하여 대성공을 거두었다. 하지만 행복한 순간도 잠깐, 이듬해에 51세 생일을 앞두고 감염병으로 생을 마감했다.

　말러는 알고 있었다, 생전에 자기 음악은 인정받지 못할 것이라는 것을. 하지만 동시에 그는 믿고 있었다, 머지않아 자신의 시대가 오리라는 것을. 그리고 사후 50년이 지나 그의 시대는 정말로 왔다.

사후 50년이 지나자 저작권이 소멸되었다는 이유도 작용하여 말러 열풍이 일었다. 20세기 후반 고도로 발달한 과학 문명과 정보화 사회 속에서 사람들은 예전보다 많은 스트레스를 안고 살게 되었다. 제1차 세계대전의 암운이 짙게 드리워진 세기말 빈에서 스트레스를 안고 살아가던 말러가 만든 음악이 시대를 초월해 현대인들의 마음에 공명한 것일까. 과도하게 긴 연주 시간, 광적으로 몰아치는 선율과 그 안에서 느껴지는 요동치는 감정. 정신적으로 불안정한 사람이 말러의 음악을 들으면서 오히려 안정감을 느낄지도 모를 일이다.

70
곡명

♭

팝은 대부분 노래라서 곡명은 '빨간 장미'라든지 '요코하마 스토리'라든지 '렛 잇 비'라든지, 좌우지간 외우기도 쉽고 귀에 쏙 들어온다.

그런데 클래식은 이야기가 다르다. '교향곡 제1번', '피아노 소나타 제32번'처럼 무슨 제품 번호인 양 삭막하기 그지없는 곡명이 대부분이다. 피겨스케이팅에서 클래식곡이 사용될 때 '교향곡 제3번'이라고 곡명이 소개되면 어떤 느낌의 곡인지 알 도리가 없으니 답답할 때도 있다.

악기로만 연주되는 교향곡이나 피아노 소나타, 현악 4중주곡 등은 원래 무언가를 묘사하려는 곡이 아니다. 그러니 작곡가 입장에서도 굳이 제목을 붙일 이유가 없고 제품 규격 번호 같은 건조한 곡명이 되어버린 것이다. 심지어 하이든이나 모차르트 때는 이런 번호조차 붙지 않았다. 과거의 곡을 다시 연주할 일이 없으니, 번호를 붙여

구별할 필요도 없었다.

하지만 과거의 명곡이 다시 공연장에서 연주되고 악보로도 출판되기 시작하자 번호만으로는 부족함이 생겼다. 그러다 '다장조 교향곡'이나 '가단조 소나타'처럼 조성을 적어 더 쉽게 구별하도록 만들었다. 하지만 그래도 어렵긴 마찬가지였다. 궁리 끝에 등장하는 것이 애칭인데, 출판사는 작곡가와 상의도 없이 마음대로 곡명을 붙여버렸다.

모차르트의 마지막 교향곡 제41번을 〈주피터 교향곡〉이라고 부른다. 하지만 이 곡은 주피터라는 신을 묘사한 곡이 아니다. 그리스 최고의 신 주피터처럼 교향곡의 최고 걸작이라는 의미에서 붙인 애칭이다. 〈프라하 교향곡〉 또한 프라하의 정경을 묘사한 곡이 아니다. 모차르트가 프라하에 있을 때 작곡했기 때문에 그렇게 불릴 뿐이다.

베토벤의 마지막 피아노 협주곡 제5번 〈황제〉는 작품이 황제처럼 훌륭하다는 뜻인데, 이 역시 베토벤이 붙인 게 아니다.

이처럼 교향곡이나 소나타에 붙는 애칭은 대중에게 친밀하게 어필하기 위한 전략적인 의도로 제삼자가 붙인 경우가 대부분이다.

확실히 애칭이 붙으면 건조한 규격 번호 같은 숫자보다는 잘 외워지고 한번 들어보고 싶다는 마음이 든다. 하지만 종종 오해의 소지를 불러일으키니 주의해야 한다. 드보르자크의 교향곡 제8번은 〈영국〉혹은 〈런던〉이라 불리는데, 이는 런던의 정경을 묘사해서가 아니라 런던의 출판사에서 출간되었기 때문이다. 음악 자체는 체코의 민족 색채가 짙은 작품이라 런던이나 영국과 하등 관련이 없다.

한편 곡명에 붙은 애칭에는 주피터처럼 세계적으로 통용되는 것도 있고 일본에서만 통용되는 것도 있다.

쇼팽의 〈이별곡〉은 구슬픈 멜로디로 심금을 울리지만, 사랑하는 사람과의 이별을 그린 곡은 아니다. 쇼팽의 생애를 그린 영화가 '이별곡'이라는 제목으로 일본에서 개봉했는데, 영화 속 이별 장면에서 이 곡이 흘러나와 일본에서만 그렇게 부르기 시작했다. 베토벤 교향곡 제5번도 베토벤이 제자에게 "운명은 이렇게 문을 두드린다"라고 설명했다는 전설적인 이야기 때문에 〈운명〉으로 굳어졌는데, 대부분 일본에서만 통용되는 얘기다.

말러의 교향곡도 애칭이 많다. 제1번 〈거인〉, 제2번 〈부활〉, 제6번 〈비극적〉, 제7번 〈밤의 노래〉, 제8번 〈천인의 교향곡〉 등 모두 말러가 붙인 것도 아니며 이 또한 일본에서만 통용되는 제목이다. 첫 번째 작품은 말러가 《거인》이라는 소설에서 영감을 받아 작곡했는데, 언젠가는 이런 이름이 붙은 적도 있으나 최종적으로 그 이름을 파기했다. 제2번은 5악장에 〈부활〉이라는 시를 토대로 한 가사가 붙어 있어 그렇게 불릴 뿐 말러가 교향곡 전체에 붙인 제목은 아니다. 제6번은 "이 곡은 비극적이다"라고 말러가 말했다는 루머 수준의 이야기에서 비롯되어 '비극적'이라고 불리는데, 설령 말러가 곡의 이미지를 비극적이라고 표현했다 해도 비극적인 무언가를 음악으로 표현한 건 아니다. 제7번은 전 5악장의 장대한 곡으로 누군가가 일부를 '밤의 음악'이라고 불렀을 뿐인데 마치 곡 전체의 제목처럼 여겨지고 있다. 제8번은 오케스트라와 합창단을 합쳐 총 1,000여 명이 무대에 오르는 초대작으로 흔히 '천인의 교향곡'이라고 부르는데 이는 기획사가 붙인 이름이다. 심지어 말러는 절대 그런 제목으로 부르지 말라고 편지로 신신당부했을 정도다. 말러의 뜻을 무시하는 건지 무지한 건지는 모르겠으나 여하튼 지금도 기획사나 일본 레코드사는 이 작품을 '천인의 교향곡'으로 부른다.

쇼팽은 낭만파에 속하지만 표제 음악은 쓰지 않았다. 당연히 '이별의 왈츠', '혁명', '겨울바람', '빗방울 전주곡', '영웅' 같은 제목은 쇼팽 스스로 붙인 게 아니다. 심지어 그는 곡에 애칭을 붙이는 것을 극도로 싫어했다.

계속하자면 끝이 없으니 이만 줄이겠지만, 여하튼 클래식 곡명은 대개 작곡가의 의지와는 무관하다.

71
음악의
인상파

♩

미술계에서 인상파라고 하면 모네나 세잔이 꼽히는데, 실은 음악에도 인상파가 있다.

인상파 회화는 19세기 프랑스에서 태동했는데, 인상파 음악도 프랑스 작곡가 드뷔시와 라벨로부터 시작되었다.

회화에서 인상파는 사실파의 대척점에 존재한다. 반면 음악에는 원래 사실파라는 게 없다. 음악 자체가 작곡가의 주관에 의한 성취물이니까. 사실적이라고 여겨지는 베토벤의 〈전원〉조차 '전원을 바라보는 자신의 느낌'을 표현한 음악이다.

음악사에서 드뷔시나 라벨을 인상파라고 부르지만, 미술사의 인상파와는 관계가 없다. 두 사람은 파벌을 만들어 공동으로 창작 활동을 하지도 않았으며 '음악은 이래야 한다'라고 주장하지도 않았다.

그럼에도 동시대 같은 지역에 있으면 화가든 음악가든 시대정신을 공유하게 마련이다. 인상파 회화는 애매한 윤곽과 화려한 색채가 특징이다. 견고하고 탄탄한 구성이 느껴지는 독일의 브람스나 브루크너 등의 음악에 비해 드뷔시와 라벨의 음악에는 모호한 구성과 막연한 리듬감, 유려한 멜로디가 느껴진다. 미술사 인상파와 직접적 관계는 없으나 두 사람의 음악에 인상파 회화 같은 모호함과 색채감이 담겨 있다고 하여 이들의 음악을 인상파라고 불렀다.

인상파 회화가 20세기 큐비즘과 초현실주의에 영향을 주었듯, 인상파 음악도 리듬과 하모니를 파괴하는 20세기 현대 음악에 영향을 주었다. 곡 자체도 너무나 아름답거니와 음악사에서도 인상파는 중요한 역할을 했던 것이다.

참고로 프랑스 인상파를 대표하는 작곡가 드뷔시와 라벨은 서로의 존재를 알고는 있었으나 특별히 친분이 있지는 않았다고 한다.

72
드뷔시

♮

클로드 드뷔시(Claude Debussy, 1862-1918)는 본래 문학가가 되기를 동경했던 작곡가다. 인상파라고 불리는 까닭에 왠지 미술과 친숙한 이미지가 있지만, 그가 사랑한 건 문학이었다.

드뷔시는 1862년 파리 근교의 생 제르망 레이에서 태어났다. 부모는 음악에 손톱만큼도 관심이 없는 문외한이었지만, 부유하고 교양을 갖춘 고모 덕분에 드뷔시는 예술에 눈뜰 수 있었다. 소년 시절 칸에 있는 고모 집에 잠시 머물렀는데, 그때 바라본 아름다운 바다는 그의 마음에 두고두고 깊은 인상을 남겼다.

그를 음악의 세계로 안내한 사람도 고모였다. 8세 때부터 아마추어 피아니스트인 고모에게 피아노를 배웠는데, 몇 년 뒤 그의 비범한 재능에 감탄한 귀부인(그녀는 쇼팽의 제자였다)이 후원을 자처해 10세 때 파리 음악원에 입학하게 되었다. 그는 그곳에서 12년간 음악을 배웠다.

재학 중인 19세 때는 학비를 벌기 위해 차이콥스키의 후원자로 알려진 메크 부인의 여행에 피아니스트로서 동행하기도 했다. 그때의 인연으로 드뷔시는 자신이 작곡한 소품을 차이콥스키에게 보냈지만 혹평을 받았다.

클로드 드뷔시

1884년, 드뷔시는 칸타타 〈방탕한 아들〉로 로마대상을 수상했다. 촉망받는 신예로서 당당히 인정받은 것이다. 초반에는 바그너에게 심취해 바이로이트 음악제를 방문하기도 했지만, 진지하게 바그너 음악을 접한 것을 계기로 오히려 자신의 음악적 한계를 느꼈다. 바그너와 같은 음악을 만들 수 없음을 깨달은 그는 바그너와 다른 길을 가기로 결심했다. 즉, '형식에 얽매이지 않고 본능을 파고드는 음악'을 추구하고자 한 것이다.

1887년에 열린 파리만국박람회에서 일본 등 동양 예술을 접하며 강렬한 인상을 받았으며, 피아노곡을 주로 작곡했지만 교향시나 오페라 등 여러 장르의 곡도 만들었다. 1914년에 암이 발병되어 1918년에 사망했다.

드뷔시는 교향곡처럼 특정한 양식이 있는 곡은 쓰지 않았다. 오케스트라가 연주하는 곡으로는 그의 대표곡 〈목신의 오후에의 전주곡〉과 〈바다〉가 유명하며 가곡과 피아노곡도 다수 남겼다. 그런 의미에서 드뷔시를 후기 낭만파로 분류한다.

〈펠레아스와 멜리장드〉는 그가 유일하게 완성한 오페라 작품이다. 마테를링크의 희곡을 원작으로 했으며 음악적으로 바그너의 영향이 엿보인다.

동양인에게 드뷔시의 음악은 왠지 친숙하게 들린다. 이유가 뭘까. 그가 동양의 5음계를 사용한 것과 무관하지 않으리라. 그는 뿌리 깊게 존재하는 서양 음악의 전통적 틀을 깨고자 노력했다. 이런 특성은 이후 도래하는 20세기 음악에 지대한 영향을 미쳤다.

73

라벨

드뷔시와 함께 대표적인 프랑스 인상파로 평가받는 천재 작곡가 모리스 라벨(Maurice Joseph Ravel, 1875-1937). 그는 드뷔시와 같은 나라, 같은 시대를 살았기에 교류는 있었지만 그리 막역한 사이는 아니었다.

라벨은 1875년 프랑스와 스페인 양국에 걸쳐 있는 바스크 지방에서 태어났다. 아버지는 스위스계 프랑스인이자 기술자였고, 어머니는 스페인 피가 섞인 바스크 지방 사람이었다. 바스크 지방은 투우로 유명한데 마술에 대한 관심이 뜨거운 곳으로도 알려져 있다. 그래서일까. 라벨의 음악에는 마술적인 울림이 있다. 멜로디가 분명하고 리듬도 명료한데, 어딘가 정체를 파악하기 힘든 애매모호함이 느껴진다.

1889년, 라벨은 파리 음악원에 입학했다. 1900년, 작곡 콩쿠르인 로마상에 도전하지만 지나치게 실험적인 음악 탓에 보수적인 심

모리스 라벨

사위원들에게 인정받지 못하고 그렇게 5년 연속 낙선했다. 아무리 콩쿠르에서 연주자의 진정한 실력을 평가하기 어렵다고 하지만, 이 정도면 참담한 수준이다. 마지막 5회째인 1905년에는 심사를 둘러싸고 심사위원장들끼리 격렬한 논쟁을 벌이다가 파리 음악원 원장이 사임하는 소동까지 일어났다.

20세기에 접어들자 유럽에 새로운 음악이 전해졌다. 바로 미국에서 탄생한 재즈가 그것이다. 아프리카에서 노예로 끌려온 흑인들의 음악과 유럽에서 이주해온 이민족들의 음악이 화학적으로 융합된 것이 재즈다. 재즈의 발상지인 뉴올리언스는 미국 안에서도 본래 프랑스령이었기에 프랑스 문화의 영향이 남아 있었다. 재즈에 담긴 프랑스적 감성을 느꼈던 것일까. 라벨은 재즈의 영향을 크게 받은 작곡가로 알려져 있다.

음악원 재학 중일 때부터 작곡가로 이름을 날렸던 라벨은 프로 작곡가로 전향해 잇달아 걸출한 명작을 탄생시켰다. 이 시대 작곡가는 오케스트라와 발레단 혹은 연주자들에게 의뢰받아 곡을 만들었는데, 그래서인지 발레 음악도 다수 작곡했다.

라벨의 대표작으로 발레 음악 〈다프니스와 클로에〉, 〈죽은 왕녀를 위한 파반느〉가 손꼽힌다. 처음에 피아노곡으로 작곡했다가 나중에 오케스트라용으로 편곡한 곡도 많은데, 자작곡뿐 아니라 무소륵스키의 피아노곡 〈전람회의 그림〉을 오케스트라 버전으로 편곡하기도 했다. 워낙 완성도가 높아서 오늘날은 무소륵스키의 피아노 버전보다 라벨의 오케스트라 버전이 더 자주 연주될 정도다. 멜로디를 만드는 능력도 탁월했지만, 편곡 능력은 가히 천재적이었다. 독보적인 편곡 기술은 그에게 '소리의 마술사'라는 별명을 선사했다.

제1차 세계대전 때는 애국심에 불타올라 조종사를 지원하지만 꿈을 이루지 못하고 트럭 운전사로 참전했다. 그러나 전쟁 중에 병으로 쓰러지는 등 건강이 크게 악화되었다. 전쟁이 끝난 후에도 미국으로 피아노 연주 투어를 다니는 등 활발하게 활동했으나 교통사고를 당해 그 후유증으로 고통을 겪었다. 갈수록 병세가 심해지고 기억장애까지 일어나 뇌수술을 받았으나 의식을 회복하지 못한 채 1937년 62세 나이로 세상을 떠났다.

라벨은 평생 독신이었는데 동성애자였다는 설이 있다. 신화를 모티브로 삼은 곡도 있지만, 기독교를 소재로 삼은 곡은 없다. 동성애 취향을 가진 라벨이 동성애를 죄악시하는 기독교에 반감을 가졌으리라고 추측하는 사람도 있다.

라벨의 대표작 〈볼레로〉는 그의 음악적 매력이 응축된 걸작이다. 똑같은 리듬의 두 멜로디가 다양한 악기로 계속 반복되는데 들다 보면 지겨워질 것 같지만 천만의 말씀! 여러 악기의 음색이 더해지며 점점 고조되는 음악이 엄청난 카타르시스를 선사한다. 왜 이토록 단순하기 그지없는 선율에 감동해버리는지 스스로도 신기하게 여겨질 정도다.

'딴, 따따따, 딴, 딴' 하는 리듬을 연주하는 악기가 늘어나서 나중에는 오케스트라 모든 악기가 장대하게 연주하는데, 마지막은 마치 풍선이 오므라들 듯 급속하게 끝을 맺는다. 그야말로 듣는 이의 허를 찌르는 마무리가 아닐 수 없다. 단순하다면 단순한 구성이지만, 사실은 치밀한 계산 아래 완성된 구조다. 지적이면서도 야성적인, 현대적이면서도 원시적인 느낌이 넘실거리는 너무나 신비롭고 매력적인 곡이다.

74

사티

♮

'관료적인 소나티네', '개를 위한 엉성한 진짜 전주곡', '바싹 마른 배아', '마지막에서 두 번째 사상', '세속적이고 갑작스러운 시간' 등 등. 단편소설 제목들 같지만 모두 에릭 사티(Erik Satie, 1866-1925)가 작곡한 음악의 제목들이다.

하이든 교향곡의 익살스러운 제목은 남들이 제멋대로 붙였지만, 위의 제목들은 사티 본인이 직접 붙였다. 엉뚱하기까지 한 제목이야 말로 사티 음악의 특징이다. 앞에서 나열한 곡들은 모두 피아노 작품으로 가사는 없다. 연주를 듣고 제목의 의미를 깊이 생각해도 해답은 쉽게 나오지 않는다.

사티는 19세기 후반에서 20세기 초에 활약한 프랑스 출신 음악가로, 음악의 개혁을 이끈 선봉장이었다. 드뷔시와 라벨을 비롯해 전후 현대 음악에도 영향을 끼쳐 '미니멀 뮤직'의 선두 주자라 평가받는다.

에릭 사티

지금은 현대 음악의 선조 격이지만 그가 활동하던 시절에는 주류 음악계에 미운털이 박힌 클래식계의 이단아였다.

사티는 1866년 프랑스 노르망디 지방의 작은 도시 옹플뢰르에서 태어났다. 어머니는 사티가 5세 되던 해에 사망했다. 아버지는 해운업에 종사하다 사업을 접고 파리로 이주했다. 사티는 조부모 품에서 자랐는데, 어린 시절 할머니가 익사하는 등 집안에 불행이 잇달았다. 그와는 별개로 음악적 소양을 갖춘 할아버지 덕분에 사티는 교회 오르간 연주자에게 피아노를 배우는 등 음악교육을 받을 수 있었다. 더욱이 아버지가 피아노 교사와 재혼하면서 두 번째 어머니에게도 음악을 배우다 파리 음악원에 입학했다. 음악에 재능은 있었지만, 태생적으로 게을러 학업 성적은 나빴다. 신비 사상에 도취되어 예술가들이 모이는 '검은 고양이'라는 술집을 드나들었으며 그곳에서 피카소, 장 콕토와 친해졌다. 그는 이 술집에서 피아노를 연주하기도 했는데 이런 행동이 클래식 음악가의 위신을 떨어뜨렸다는 이유로 음악원에서 퇴학당했다. 정통 음악계에서 퇴출된 사티는 신비주의 종교단체인 '장미 십자단'에 들어가 전속 작곡가로 활동했다.

그의 음악적 시도는 가히 혁명적이었다. 기능화성을 무시하고 조성을 포기했으며 당시 퇴물로 취급받던 교회선법을 부활시키고 자유로운 박자로 작곡하는 등 음악을 만드는 방식을 근본부터 바꾸었다고 해도 과언이 아니다.

사티가 창조한 새로운 음악은 젊은 세대에게 지지받았으나 보수적인 학계에서는 냉소만 돌아왔다. 시대를 앞서간 혁신자로 주류 음악계에서 인정받지 못한 채 경제적 빈곤에 허덕이던 그는 술집을 전전하다 간경화에 걸려 59세 나이로 사망했다. 클래식 음악가는 초반에는 좀 고생해도 말년에는 명성을 얻게 마련인데, 인생사를 통틀어 그는 철저히 비주류였다. 하지만 우리는 안다, 이런 비주류의 존재 덕분에 음악이 발전한다는 것을.

사티의 음악은 콘서트홀에서 집중하여 듣기에 적합한 음악은 아니다. 그는 자신의 음악을 술집에서 손님들에게 방해가 되지 않는 음악이라는 뜻에서 '가구 음악'이라 불렀다.

요컨대 술집이나 카페에 흘러나오는 BGM을 지향했다는 얘기다. 사티에게 선견지명이 있었던 모양이다. 이후 음반 산업이 방송과 결부되면서 음악은 더 이상 고고한 연주회장에만 머무르지 않게 되었으니까 말이다.

제6장

20세기

75
20세기
음악

♭♭

그동안 음악사는 서양 음악사와 동의어로 여겨질 만큼 유럽에 국한된 음악이었다. 하지만 20세기에 들어오자 음악은 극도로 세분화된다. 세계 각지의 민속 음악도 음악사에 포함되고 대중음악도 탄생했다. 같은 100년이라도 이전보다 음악이 변하는 속도 자체가 달라진 것이다.

클래식 음악은 이미 19세기 후반에 변화의 조짐을 보였다. 조성이 붕괴되고 무조 음악이 태어났으며 금기시되던 불협화음도 인정되었다. 리듬에서도 규칙성이 깨져 나아갔다.

전통적으로 무질서하게 인식되던 음악 요소들은 하나의 양식으로 인정되고, 바로크에서 고전파로 이어지며 확립된 규칙들은 구태의연한 구질서가 되었다. 아마도 이런 경향은 20세기가 혁명의 시대였던 것과 무관하지 않으리라. 역사는 늘 진보해간다는 믿음이 20세기의 시대정신이었다.

하지만 과도하게 혁명을 추구한 결과는 실망스러웠다. 클래식 음악은 형식을 잃었을 뿐 아니라 청중마저 잃었다. 과격하고 전위적인 음악을 받아들일 사람은 소수의 전문가뿐, 대중에게는 거칠고 난해한 소음에 불과했던 것이다. 클래식을 취미로 즐기는 사람들에게는 모차르트나 베토벤으로도 충분했다.

음악가를 지탱하는 사회 구조도 달라졌다. 궁정과 교회를 대체하는 부유한 시민층은 여전히 존재했으나 후원가가 음악가를 키우는 시대는 저물고 있었다.

음악가들은 이제 악보 출판에 따른 인세나 콘서트 수입만으로 생계를 꾸려야 했는데, 클래식의 대중화가 도래하면서 이것이 한결 수월해졌다. 더욱이 교통수단이 발달하면서 전 세계 투어가 가능해졌고 시장도 급속도로 확대되었다. 이 와중에 등장한 레코드는 음악가에게 새로운 수입원이었다.

하지만 모든 게 장밋빛은 아니었다. 후원자라는 존재가 없어지면서 상업주의라는 약육강식의 정글 속에 던져진 작곡가들은 저마다 살아남기 위해 고군분투했다. 유일하게 사회주의 국가에 소속된 작곡가들만이 18세기 음악가들처럼 국가의 지원과 보호를 받으며 흥행을 고려하지 않은 음악 활동을 이어갈 수 있었다.

한편 영화라는 새로운 매체가 탄생하면서 오페라는 사양길에 접어들기 시작했다. 나치 독일의 박해를 피해 미국으로 망명한 유대계 작곡가 대부분은 할리우드에서 영화음악을 만들며 음악 활동을 이어갔다.

막을 내린 지 20년 남짓한 20세기 음악의 이야기는 이제부터다.

76

슈트라우스

♭♭

리하르트 슈트라우스(Richard Georg Strauss, 1864-1949)는 독일 후기 낭만파의 대미를 장식하는 인물이다. 생전에 지휘자로도 유명했는데, 그가 지휘한 음악의 녹음 자료가 지금도 남아 있다.

슈트라우스는 1864년 당시 바이에른 왕국이던 뮌헨에서 궁정악단의 수석 호른 연주자 아들로 태어났다. 어머니는 맥주 회사 경영자의 딸이었다. 이렇듯 유복한 가정에서 자라며 그는 일찌감치 아버지에게 음악을 배웠다.

1882년, 슈트라우스는 뮌헨대학교에 입학했고 그곳에서 세계적인 지휘자 한스 폰 뷜러를 만났다. 거장에게 재능을 인정받은 그는 1885년에는 뷜로가 지휘하고 있던 마이닝겐 극장의 부지휘자 자리에 올랐다. 1889년에 교향시 〈돈 후안〉을 초연해 흥행시켰다. 이후 〈틸 오일렌슈피겔의 유쾌한 장난〉, 〈차라투스트라는 이렇게 말했다〉 등의 교향시를 잇달아 작곡했다. 1898년, 그는 〈영웅의 생애〉를 끝으로 교향시와는 인연을 끊고 오페라로 관심을 돌렸다.

오페라 작품으로 성공한 첫 번째 작품은 1905년에 오스카 와일드 원작에 기초해 완성한 〈살로메〉다. 당시 지나치게 선정적이라는 이유로 뉴욕에서는 상연 금지를 당하기도 했다. 지금도 연출가에 따라 선정성 논란을 일으키는 작품이다.

리하르트 슈트라우스

시인 후고 폰 호프만스탈이 대본을 쓴 〈엘렉트라〉와 〈장미의 기사〉도 대중적 성공을 거두었다. 〈장미의 기사〉는 모차르트의 〈피가로의 결혼〉을 패러디한 작품으로, 이후에도 슈트라우스는 여러 편의 오페라를 쓰지만 이 초기 작품을 능가하지는 못했다.

1930년대에 슈트라우스는 독일 음악계를 접수한 살아 있는 전설이 되었다. 작곡가로서 승승장구하는 한편 지휘자로서도 뮌헨, 베를린, 빈의 오페라극장을 종횡무진 활약하며 그야말로 눈부신 커리어를 쌓았다.

그러나 찬란한 순간에 암운이 드리우기 시작했다. 나치 정권이 그에게 마수를 뻗친 것이다. 나치 선전 장관 괴벨스는 문화와 예술을 국가가 직접 관리하기로 결정했다. 괴벨스는 즉시 선전부 산하기

관으로 음악원을 만들고 슈트라우스를 초대 총재로 임명했다. 단순한 명예직이었는지 막강한 실권자였는지는 아직도 의견이 분분하다. 어느 쪽이었든 그는 전후 나치에 협력했다는 비난을 피할 수 없었다.

20세기 초가 되자 작곡가로서 그의 커리어는 막을 내렸다. 본인도 말년에는 자기 시대가 지나갔다는 취지의 발언을 한 바 있다. 슈트라우스를 보면, 오래 산다는 것이 반드시 좋은 일만은 아니라는 쓸쓸한 진실을 느낀다.

1949년, 슈트라우스는 85세 나이로 삶을 마감했다. 그의 죽음으로 말미암아 비로소 낭만파 시대는 진정한 종언을 고한다.

77

쇤베르크

bb

혁신을 주도하며 20세기 현대 음악을 탄생시킨 아르놀트 쇤베르크(Arnold Schönberg, 1874-1951). 그는 조성 없는 12음 기법의 창시자로 불린다.

그때까지 음악에는 라장조라든지 다단조 같은 조성이라는 게 존재했다. 그런데 쇤베르크는 당시 음악의 당연한 상식과도 같았던 조성을 파괴했다.

쇤베르크는 자신이 가르치던 베르크, 베베른과 함께 신(新)빈악파 혹은 제2차 빈악파라고 불렸다. 덧붙이자면 구(舊)빈악파(제1차 빈악파)에 해당하는 인물들이 하이든, 모차르트, 베토벤이다. 구빈악파는 서로의 존재를 알았지만 세대도 다르고 집단의식도 없었다. 반면, 신빈악파는 '우리는 특정한 음악 방향을 지향하는 그룹이다'라는 명확한 집단의식을 가지고 있었다.

쇤베르크는 1874년 빈에서 태어났다. 아버지는 유대계로 구둣가

아르놀트 쇤베르크

게를 운영했다. 음악과 무관한 가문이었음에도 그는 8세 때부터 바이올린곡을 작곡하는 등 음악적 재능을 드러냈다. 15세 때 아버지가 사망하면서 생계를 위해 은행에 취직하지만, 음악가에 대한 꿈을 놓지 않았다. 작곡가이자 지휘자인 쳄린스키에게 단시간 작곡 지도를 받는 것을 제외하고는 그 어떤 체계적인 교육 없이 독학으로 음악을 공부했다.

당시 빈에서는 브람스의 절대 음악과 바그너의 표제 음악이 첨예하게 대립 중이었으나, 쇤베르크는 어느 한쪽에 치우치지 않았다. 초기에는 후기 낭만파 작품을 선보였는데, 그중 하나가 그의 대표작인 〈정화된 밤〉이다. 독일 서정시인 데멜의 시를 원작으로 한 표제 음악으로, 달빛 아래서 남녀가 주고받는 사랑의 대화를 음악으로 만든 곡이다. 아직 12음 기법을 확립하기 전에 만든 작품이므로 난해하지는 않지만, 음의 윤곽이 애매모호해서 19세기 음악과는 다른 신선함이 느껴진다.

20세기에는 전통적 틀을 넘어선 획기적인 상상력이 음악계의 화두로 등장했다. 사람들의 주목을 받으려면 예전과 다른 새로운 음악을 보여줘야 했다. 너도나도 새로운 방식을 모색하는 분위기 속에서 쇤베르크는 조성을 포기한 무조 음악을 시도했다. 공산품의 경우 실험 단계인 시제품은 상품으로 인정받지 않지만, 예술은 다르다. 아직 완성작에 도달하지 않은 실험작도 작품으로 인정받는다는 뜻이다. 그렇게 그는 몇몇 실험작을 발표하고 난 뒤, 1911년에 〈6개의 작은 피아노곡〉으로 완전히 조성을 버렸다.

지금은 그를 놀라운 혁명가로 평가하지만, 당시엔 반응이 좋지 않았다. 그도 그럴 것이 아름다운 선율을 기대한 일반 대중이 듣기에 그의 음악은 너무나 어렵고 전위적이었던 까닭이다. 그런 음악에 기꺼이 돈을 쓸 사람은 많지 않았다.

무조 음악이 거칠고 무질서한 음악이라는 비판을 받자, 쇤베르크는 이를 체계적으로 이론화하는 작업에 착수했다. 1921년부터 1933년까지는 쇤베르크의 '12음 시대'로 불리는데, 그는 1923년 〈5개의 피아노곡〉에서 최초로 12음 기법을 도입했다.

이 무렵부터 쇤베르크는 작곡가뿐 아니라 음악 이론가로서도 명성을 쌓았고, 1925년에는 베를린 예술 아카데미의 교수를 지냈다. 그러나 순조롭던 그의 인생에도 고비가 찾아왔다. 나치가 정권을 잡으면서 유대계 탄압이 시작된 것이다. 1933년 직장에서 쫓겨난 그는 곧바로 미국 망명길에 올랐다.

쇤베르크는 전후에도 독일로 돌아가지 않고 미국에 머물면서 서던캘리포니아대학교와 캘리포니아대학교 로스앤젤레스에서 학생들을 가르치다 77세 나이로 삶을 마감했다.

쇤베르크는 대중적 인지도는 낮지만 20세기 음악계의 변화를 이끈 개척자로서 현대 음악가들에게 지대한 영향을 끼쳤다. 그는 그때까지 존재하지 않던 음색을 창조해내며 음악의 신세계를 연 인물이었다.

전문 지식이 없으면 무조 음악이나 12음 기법을 이해하기 어렵지만, 음악 자체는 얼마든지 즐길 수 있다. 이해하지 못한다고 느낄 수 없는 건 아니다. 음악이란 작곡가의 감정이 담겨 있게 마련이니까.

78

라흐마니노프

bb

세르게이 라흐마니노프(Sergei Rachmaninoff, 1873-1943)는 1873년 러시아의 귀족 가문에서 태어났다. 수준급 피아노 실력을 자랑하는 할아버지와 어머니 덕분에 그 역시 어릴 적부터 자연스레 피아노를 접했다. 당시 러시아 귀족에게 음악은 기본 교양이었다. 악기 연주도 유행했는데, 어디까지나 취미로 연주했을 뿐 귀족이 전업 연주가를 한다는 건 생각하지 못할 일이었다.

라흐마니노프는 피아노에 재능을 드러내며 9세 나이로 페테르부르크 음악원에 들어갔지만, 부모님은 그를 음악가로 만들 생각은 추호도 없었다. 하지만 아버지의 사업 실패로 집안이 몰락하자 상황이 급변했다. 전 재산을 잃고 부모님은 이혼하는 등 하루아침에 그의 집안은 풍비박산이 났다. 이로 말미암아 그는 생계를 위해 피아노를 연주하고 작곡을 하게 되었다.

페테르부르크 음악원은 피아노 이외의 일반 과목도 있었는데, 라

세르게이 라흐마니노프

흐마니노프는 음악 외 성적이 형편없어서 퇴학 직전까지 몰렸다. 어머니가 백방으로 노력한 덕분에 그는 모스크바 음악원에 들어갈 수 있었고 피아노과와 작곡과에서 음악을 다시 배웠다. 또 다른 러시아 작곡가 스크랴빈과는 음악원 동기인데, 음악적 성향은 정반대에 가까웠지만 둘은 매우 친했다고 한다.

음악원 졸업 작품으로 완성한 오페라 〈알레코〉가 볼쇼이 극장에서 상연되는 등 작곡가로서 순조로운 스타트를 끊지만, 1895년에 쓴 교향곡 제1번이 지휘자와의 갈등으로 실패하자 슬럼프에 빠졌다. 하지만 1901년 피아노 협주곡 제2번을 발표하며 멋지게 재기에 성공했다.

피아노 협주곡이라는 장르는 모차르트 때부터 본격적으로 만들어지기 시작해 베토벤에서 정점을 찍었다. 그중에서도 베토벤의 피아노 협주곡 제5번은 '황제'라는 애칭으로 불릴 만큼 이 분야에서 독보적인 위치를 차지한다. 이후 쇼팽, 슈만, 멘델스존, 리스트, 브람스, 차이콥스키 등 쟁쟁한 작곡가들이 피아노 협주곡에 도전해 명곡을 남겼는데, 그 마지막 주자가 라흐마니노프다. 그의 피아노 협주곡 제2번은 베토벤과 어깨를 견줄 만큼 눈부신 걸작이다.

피아노 협주곡 제2번이 대성공을 거두면서 그는 사랑하는 여인과 결혼도 하고 피아니스트와 지휘자로서도 활약하는 등 탄탄대로 인생길을 달렸다. 1909년에는 미국으로 첫 연주 여행을 떠나서 신작 피아노 협주곡 제3번을 선보이기도 했다.

1917년, 러시아에서 혁명이 발발했다. 몰락했다고는 하지만 라흐마니노프는 귀족 출신이었기에 세계 최초의 사회주의 정권에 거부감을 느꼈다. 그는 러시아 혁명 후 혼란스러운 상황을 틈타 연주 여행을 핑계로 고국을 떠났다. 그리고 다시는 돌아가지 않았다.

라흐마니노프는 유럽 각지를 돌아다니며 연주 여행을 하다가 미국으로 건너가 정착하기로 마음먹었다(그래도 한 해의 절반은 유럽으로 연주 여행을 다녔다).

망명한 음악가가 생계를 유지하려면 연주회 수입이 필요했다. 미국으로 건너간 라흐마니노프는 작곡가가 아닌 콘서트 피아니스트로 살았다. 자작곡은 물론이거니와 베토벤과 쇼팽 연주에도 발군의 실력을 발휘했던 라흐마니노프. 그는 탁월한 작곡가이자 20세기 최고의 피아니스트였다. 자작곡을 포함해 피아니스트로서 연주한 음악이 레코드로 남아 있는 몇 안 되는 작곡가이기도 하다.

라흐마니노프는 피아노 연주로 돈을 벌면서도 꾸준히 작곡에 몰두해 1926년에 피아노 협주곡 제4번을 완성했다. 제2차 세계대전 중인 1943년, 그는 70세를 앞두고 미국에서 생을 마감했다.

웅장하며 감미로운 라흐마니노프의 음악이 지나치게 통속적이라며 비판받던 시기도 있었지만, 오늘날 재평가되어 연주회는 물론 영화나 피겨곡에도 자주 등장하고 있다.

79

버르토크

bb

벨러 버르토크(Bartók Béla, 1881-1945)는 헝가리를 대표하는 음악가로 꼽힌다. 헝가리에서는 인명을 일본처럼 성, 이름순으로 표기한다. 따라서 버르토크 벨러라고 하는 것이 옳지만, 서구식 표기에 따른 벨러 버르토크가 일반적이다.

버르토크는 1881년 교사이자 음악 애호가인 아버지와 피아노 교사인 어머니 사이에서 태어났다. 음악에 둘러싸인 환경에서 자란 버르토크는 말보다 음악을 먼저 익혔는데, 4세 때 자작곡을 피아노로 연주하고 5세 때부터 정식으로 피아노를 배운 신동이었다. 7세 때 아버지가 사망하자 어머니는 피아노 교사로 생계를 꾸려나갔다. 천재나 신동이라는 타이틀을 내세워 아들을 돈벌이 수단으로 삼을 수도 있었지만, 그녀는 그렇게 하지 않았다. 그저 평범한 학교를 보내면서 마음껏 피아노를 치게 했다.

1898년, 버르토크는 17세 때 부다페스트 왕립음악원(현 리스트 음

악원)에 입학했다. 그는 음악원에 들어가기 전부터 브람스의 영향을 받아 작곡을 시작했다. 그는 재학 중에 작곡가로, 피아니스트로 이름을 알리기 시작했다.

'헝가리 고유의 음악을 만들어내자.'

이것이 버르토크의 목표였다. 19세기 후반에 동유럽과 북유럽, 러시아에서 뜨겁게 타오른 민족 음악(국민악파)운동은 유럽 각국에서 불길처럼 번져갔다. 하지만 겉으로는 민족 음악을 표방해도 음악적으로는 독일 음악의 양식에 민족적 선율이나 멜로디를 끼워 맞춘 게 많았다. 버르토크는 이런 풍조에 반기를 들며 온전히 헝가리만의 음악을 확립하고자 했다.

버르토크는 또 다른 헝가리 작곡가 코다이와 자국 곳곳을 여행하면서 민속 음악 수집에 착수했다. 당시에는 녹음 기술이 전무했기에 버르토크는 귀로 민요를 듣고 악보로 적어 내려갔다. 이렇게 수집한 음악을 연구해서 헝가리 특유의 색채가 드러나는 곡으로 만들어 나아갔다.

1940년, 나치 독일이 헝가리를 침공하자 버르토크는 미국으로 망명했다. 강제 이주는 아니었으나 고국을 상실한 버르토크는 실의에 빠져 작곡을 중단했다. 이후 활동을 재개하지만 얼마 뒤 백혈병으로 세상을 떠났다.

대표작으로 오페라 〈푸른 수염의 성〉, 발레 〈이상한 중국의 관리〉, 관현악 〈관현악을 위한 협주곡〉, 〈현악기, 타악기와 첼레스타를 위한 음악〉 등이 있다. 뛰어난 작곡가이자 피아니스트이기도 해서 생전 그가 연주한 음악의 녹음 자료가 지금도 남아 있다.

80
프로코피예프

bb

1953년 3월 5일은 소련 공산당 서기장인 스탈린이 사망한 날로 기록되지만, 같은 날 세상을 떠난 역사적 인물이 한 명 더 있다. 바로 소련을 대표하는 작곡가 세르게이 프로코피예프(Sergei Sergeevich Prokofiev, 1891-1953)다(스탈린이 열두 살 더 많다).

러시아 혁명 이후 수많은 예술가가 자유를 찾아 서구로 망명했다. 프로코피예프도 그중 한 명이었다. 하지만 그는 시간이 흘러 귀국했다. 고국으로 돌아갔다고 해서 그가 공산주의자였던 것도 아니고 소련에서 돌아온 거장으로서 융숭한 대접을 받았던 것도 아니다. 소련은 라흐마니노프, 쇼스타코비치, 스트라빈스키, 므라빈스키 등 세계적인 음악가를 다수 배출했다. 그중 라흐마니노프는 미국으로 망명한 뒤 다시는 돌아오지 않았고, 스트라빈스키는 망명 후 여행자 신분으로 고국을 찾았지만 정착하지는 않았다. 쇼스타코비치는 소련 밖으로 연주 여행을 다녔지만, 망명은 하지 않고 평생을 고국에

머물렀다. 오직 프로코피예프
만이 망명했다가 고국으로 돌
아와 정착했다.

세르게이 프로코피예프

프로코피예프는 1891년
귀족 농장 관리인의 아들로
태어났다. 5세 때 작곡을 하고
9세 때 교향곡에 도전하는 신
동이었다. 13세 때 페테르부
르크 음악원에 입학해 러시아
5인조 중 한 명인 림스키코르
사코프에게 사사했다.

그는 음악원 재학 중인 1912년에 완성한 피아노 협주곡 제1번과
이듬해 완성한 제2번으로 음악계에 일대 파란을 일으켰다.

그때까지는 서정적이고 친숙한 선율이 주류였는데, 프로코피예
프가 내세운 강렬한 리듬과 그로테스크한 분위기 그리고 애매한 조
성은 파격 그 자체였다.

충격적인 데뷔작으로 단숨에 유명인사가 된 프로코피예프. 그는
1914년 음악원을 우등으로 졸업하고 위풍당당하게 국외로 떠났다.

1916년에 착수하여 1년이 지나 완성한 교향곡 제1번 〈고전〉은
하이든의 고전 양식을 따른 작품이었다. 이처럼 그는 혁명적인 변화
를 추구하면서도 전통적 형식을 띤 곡도 발표하는 등 다양한 스펙트
럼을 보여줬다.

러시아 혁명 후에는 시베리아를 경유해 일본으로 연주 여행을 오기도 했는데, 미국으로 건너갔다가 파리에 정착했다. 망명생활을 약 20년간 지속하는데, 그사이 1927년에 잠시 소련에 3개월 정도 머무르면서 환대를 받았다. 이후 1936년 소련으로 완전히 귀국했다. 그러나 당시 소련은 스탈린이 당에 비판적인 예술가를 숙청하는 등 칼바람이 무섭게 몰아치고 있었다. 프로코피예프는 이런 사실을 알고도 망명을 한 것인지는 수수께끼다.

파리에서 망명하던 시절, 프로코피예프의 음악은 더 이상 새로운 것이 아니었다. 그의 음악이 진부하게 느껴질 만큼 거센 변화의 물결이 몰아치고 있었던 것이다. 어쩌면 역사의 뒤안길로 물러나면서 고향의 향수가 진해진 것일지도 모른다.

소련으로 돌아간 직후 환영을 받았지만, 결국 그도 숙청의 폭풍을 피해 가진 못했다. 그가 발표했던 작품들이 서구적 경향이 강하다며 당으로부터 비판을 받았던 것이다.

대표작인 〈전쟁과 평화〉는 톨스토이의 소설을 오페라로 만든 작품인데, 당국의 명령으로 몇 번이나 수정 작업을 거쳐야 했다. 교향곡, 피아노 협주곡, 피아노 소나타 등 여러 장르에서 명곡을 남겼으며 영화음악 작업에도 참여했다. 유명한 러시아 감독 세르게이 에이젠슈테인의 〈알렉산드르 네프스키〉에는 프로코피예프의 독창적인 음악이 담겨 있다.

라흐마니노프와 마찬가지로 프로코피예프도 생전 피아니스트로서 연주한 음악이 녹음 자료로 남아 있다.

81

스트라빈스키

bb

1913년 5월 29일, 20세기 음악 역사상 최대의 스캔들이자 전무후무한 혁명을 불러온 곡이 파리에서 초연되었다. 러시아 작곡가 이고르 스트라빈스키(Igor Stravinsky, 1882-1971)의 〈봄의 제전〉이 그것이다.

흔히 클래식 콘서트라고 하면 정장을 차려입은 신사 숙녀가 조용히 귀를 기울이는 장면이 떠오른다. 연주 중에는 어떤 대화도 할 수 없으며 재채기조차 삼가야 한다. 박수나 함성은 연주가 끝난 뒤에야 허용된다. 하지만 〈봄의 제전〉은 예외였다. 연주 내내 야유와 고성이 난무했고 급기야 사람들끼리 난투극을 벌이는 등 그야말로 난장판이 벌어졌다. 권투 경기에서도 이런 소동은 좀처럼 없을 것이다.

스트라빈스키는 1882년 러시아 상트페테르부르크 근교에서 베이스 가수 아버지와 피아니스트 어머니 사이에서 태어났다. 말 그대로 음악가가 되기 위해 태어난 셈이다. 하지만 아버지는 아들이 음악가가 아닌 법률가가 되기를 바랐다. 9세 때부터 피아노를 배웠지만 직업을 위해서 한 것이 아닌, 그저 취미이자 교양 차원 정도였다. 결국 스트라빈스키는 아버지 뜻에 따라 대학 법학부에 입학하는데, 그곳에서 림스키코르사코프의 아들을 만났다. 그 인연으로 스트라빈스키는 20세기 러시아를 대표하는 대작곡가 림스키코르사코프에게 작곡을 배우게 되었다. 이후 아버지가 세상을 떠나자 법률가에서 음악가로 전향했다.

27세 되던 1909년에는 첫 번째 교향곡을 완성했고, 1910년에는 발레 음악 〈불새〉를 작곡하며 거물급 발레 프로듀서인 댜길레프와 운명적으로 조우했다. 음악사와 발레사를 새로 쓰게 될 전설적 명콤비가 탄생하는 순간이었다.

〈불새〉는 댜길레프가 파리에 창설한 러시아 발레단을 위해 스트라빈스키에게 의뢰한 발레 음악이었다. 이 작품과 다음 해 발표한 〈페트루시카〉가 잇달아 성공을 거두며 스트라빈스키는 작곡가로서 부동의 지위를 확립했다. 누구도 세계적인 명콤비의 세 번째 성공을 의심하지 않았고 두 사람은 야심작 〈봄의 제전〉을 무대에 올렸다.

안무는 러시아 발레단의 간판 무용수인 니진스키가 맡았으며(참고로 그와 댜길레프는 동성애관계였다) 지휘는 20세기를 대표하는 대지휘자 피에르 몽퇴가 맡았다.

복잡한 리듬과 불협화음으로 가득 찬 〈봄의 제전〉이 처음 공개되었을 때, 파리는 충격과 경악에 빠졌다. 지금은 20세기를 대표하는 곡으로 명성이 자자하지만, 오늘날 시각에서 그렇게 평가하는 것이지 초연 당시엔 그저 야만적이고 기괴한 졸작에 불과했다.

공연이 시작되고 몇 분이 지나자 청중은 여태껏 들어본 적 없는 불협화음에 큰 혼란에 빠졌다. 이내 객석은 술렁거리기 시작했다. 관객들 사이에서도 격렬한 찬반양론이 일어났고 흥분한 사람들끼리 고성을 지르며 몸싸움을 벌일 정도였다. 당시 객석에는 프

이고르 스트라빈스키

랑스 음악계의 거장인 드뷔시, 라벨, 생상스 등도 있었다. 생상스는 이 곡을 듣고 "악기 사용법을 모르는 자의 곡은 사양이다"라며 자리를 박차고 나가버렸다고 한다.

나중에 알려진 사실이지만, 이 혼란은 라벨의 지지자들이 의도적으로 만든 것이었다고 한다. 대체 무엇 때문에? 촉망받는 신예 작곡가로 한창 주가를 올리던 스트라빈스키를 무너뜨리기 위해서다. 한편 그 음모를 알아차린 댜길레프도 자기 측근들을 객석에 들여보내 반대파와 싸우도록 했다.

〈봄의 제전〉이 아수라장 속에서 초연을 마친 사실은 대대적으로 보도되었다. 소식을 접한 사람들은 '대체 어떤 작품이기에?' 하며 궁금해했고, 그로 말미암아 작품은 초미의 관심사로 떠올랐다. 결과적

으로 시끄러운 대소동이 오히려 그의 작품을 톡톡히 홍보해준 셈이었다. 이듬해 발레 없이 연주회 형식으로 무대에 올려진 공연은 흥행에 성공했고, 음악적으로도 높은 평가를 받았다.

스트라빈스키는 러시아 혁명이 발발하자 고국을 떠나 미국으로 망명했다. 그와 동시에 음악 스타일도 달라졌는데, 바흐나 헨델을 연상시키는 신고전주의 작품을 발표하고 종교곡도 만들었다. 한때 세상을 떠들썩하게 한 혁명적이고 독창적인 음악가의 면모는 거짓말처럼 사라져버린 것이다. 88세까지 장수했음에도 음악사에 명작으로 기록되고 오늘날까지 연주되는 작품은 초기 세 작품, 그중에서도 당시 관객들이 분개하며 폭동을 일으켰던 〈봄의 제전〉뿐이다.

82

대중음악

bb

    20세기에 이르러 음악사에 '포퓰러 뮤직(popular music)'이라 불리는 대중음악이 등장했다. 사전에서는 대중음악을 '클래식 음악 이외의 음악'이라 칭한다. 그렇다면 클래식 음악이란 무엇일까. 팝송과 민속 음악 외에도 음악은 많다. 클래식 음악은 옛날 음악뿐만 아니라 현대의 음악 중에서도 대중음악이 아닌 것을 말하기도 한다. 우스갯소리 같지만 대형 음반 가게 직원 말로는 새로운 CD가 록도 팝도 재즈도 아니라서 어디로 분류할지 모르겠다 싶으면 클래식 코너에 놓는다고 한다.

    어쨌든 클래식 음악의 뿌리는 서양 음악이고, 서양 음악은 가톨릭교회와 왕후 귀족의 궁정에서 시작되었다. 교회는 포교를 위해, 궁정은 제례 의식과 오락거리를 위해 음악이 필요했다. 그러다 18세기 후반, 유럽을 뒤흔든 프랑스 대혁명을 필두로 각국의 절대왕정이 무너지고 시민계급이 대두하기 시작했다. 더욱이 출간 기술이 보급되면서 악보 출판이라는 비즈니스가 생겨났다. 작곡가는 악보 출판이라는 새로운 수입원이 생기지만, 그 자체로 수입의 큰 비중을 차지하진 못했다.

그러다 19세기 말에 경제 대국으로 부상한 미국에서 음악 산업이 주요 비즈니스로 성장하자 판매를 목적으로 하는 곡이 만들어지기 시작했다. 음악 산업이 본격화되자 출판사들은 곡을 팔기 위해 대대적인 홍보에 나섰다. 뉴욕의 28번가에는 음악 출판사들이 집중적으로 모여들어 하나의 음악 거리를 형성했는데, 이곳을 '틴 팬 앨리(Tin Pan Alley)'라 불렀다. 이후 틴 팬 앨리는 음악계에 막강한 영향력을 행사하는 음악 산업의 메카로 자리 잡았다.

20세기에 방송과 녹음이라는 새로운 대중매체가 발명되면서 음악 산업은 더욱 큰 돈벌이 수단으로 주목받았다. 예술성이나 작품성보다 '얼마나 팔릴 것인가'가 최대 목표가 된 것이다. 클래식 음악도 자본주의라는 거대한 소용돌이에 비껴갈 수 없었지만, 상대적으로 비즈니스 규모는 작았다. 큰 수익을 창출하는 장르는 단연 대중음악이었다. 참고로 초창기 대중음악은 스피리추얼, 민스트럴쇼, 보드빌, 재즈가 대세였다.

1920년대에 레코드와 방송이 본격화되자, 미국의 음악 산업은 비약적으로 성장했다. 미국 작곡가 거슈윈도 이 시기에 활약한 인물이다.

83

거슈윈

bb

이탈리아에서 탄생한 서양 음악은 드디어 대서양을 건너 미국에 전해지고 경제적 부흥과 함께 독자적인 발전을 모색하기 시작했다.

미국의 독자적인 음악으로는 먼저 원주민 민속 음악(아메리카 인디언)과 북미 대륙에 노예로 끌려온 흑인 후손들이 서양 음악과 접목하여 만든 재즈가 있다. 재즈는 20세기가 시작될 무렵에 탄생해 발전해갔고 전후에는 로큰롤도 태어났다.

이 음악들은 말 그대로 미국에서 독자적으로 생겨난 것이지만, 이와는 별개로 클래식 음악의 범주에 들어가는 미국 음악도 존재했다.

19세기 말, 경제 강국으로 부상한 미국은 유럽 음악인들에게 거액을 지불하고 연주를 시키거나 음악 교수로 초빙하는데, 체코의 대작곡가 드보르자크도 그중 한 명이었다.

조지 거슈윈(George Gershwin, 1898-1937)은 러시아 이민자 출신으로, 1898년 뉴욕의 브루클린에서 태어났다. 그는 초등학생 시절

조지 거슈윈

에 드보르자크의 〈유모레스크〉를 듣고 처음 클래식 음악을 접했다고 한다. 넉넉하지 못한 가정형편에도 불구하고 아버지는 거슈윈의 형 아이라를 위해 피아노를 사주는데, 정작 형은 문학에 빠져 음악에는 도통 관심이 없었다. 결국 피아노는 동생 차지가 되었다. 전문가들에게 개인 지도를 단기간 받은 적은 있으나 대부분 독학으로 음악을 배웠다.

15세 때 고등학교를 중퇴한 거슈윈은 음악의 거리 틴 팬 앨리에서 신작을 홍보하는 피아니스트로 일하게 되었다. 그러다 작사가와 콤비를 이뤄 팝송을 만들기 시작했다.

첫 번째 히트곡은 어빙 시저가 가사를 쓴 '스와니강'이었다. 이 곡으로 인기 작곡가 대열에 합류한 거슈윈은 작사가로 활동하던 형과 의기투합해 수많은 팝송을 만들었다. '내가 사랑하는 남자', '벗 낫 포미', '아이 갓 리듬' 등이 대표적이며 거슈윈은 평생 500여 곡의 팝송을 작곡했다.

1924년, 거슈윈은 클래식 분야에도 도전해 〈랩소디 인 블루〉를 완성했다(오케스트라를 위한 작곡은 전문가의 도움을 받았다). 재즈와 클래식 음악을 절묘하게 융합한 이 작품은 '심포닉 재즈'로 불리며 놀라운 성공을 거두었다.

첫 클래식 창작곡의 성공으로 자신감을 갖게 된 거슈윈은 독학으로 오케스트레이션(관현악 연주를 위해 작곡이나 편곡을 하는 일)을 공부해 1928년 〈파리의 미국인〉을 발표했다. 이 곡은 뉴욕 필하모닉의 의뢰로 만든 작품으로, 초연 당시 미국 클래식 음악계에 엄청난 센세이션을 일으켰다.

그는 7개의 오케스트라 작품을 남겼으며 뮤지컬은 50편이나 쓰는 등 무대 작품에서도 눈부신 활약을 펼쳤다. 1935년에 흑인 사회를 그린 야심작 오페라 〈포기와 베스〉를 작곡했는데, 지금은 명작으로 평가받지만 초연 당시에는 지나치게 참신했던 까닭에 실망스러운 성적을 기록했다. 오페라의 흥행 부진에도 불구하고 이 작품에 삽입된 노래 '서머타임'은 대중적인 인기를 끌었다.

이윽고 할리우드에 입성한 거슈윈은 영화음악 작곡가로서 눈코 뜰 새 없이 바쁜 나날을 보냈다. 그러다 1937년 뇌종양으로 쓰러져 39세가 되기 3개월 전인 7월 11일에 세상을 떠났다.

84
엘가

♭♭

경제적·군사적·정치적으로 세계를 제패한 영국은 셰익스피어를 비롯해 문학에서 대작가를 다수 배출한 나라다. 하지만 음악 분야에 국한하면, 18세기 전반에 활약한 독일 태생의 헨델 이후에는 이렇다 할 대음악가가 나타나지 않았다. 18세기 후반부터 19세기에 어느 곳보다 음악 산업이 발달했고 음악도 끊임없이 만들어졌음에도 말이다.

그러다 19세기 말, 영국 음악은 일대 부흥기를 맞이한다. 영국 음악의 르네상스를 이끈 1세대가 등장한 것이다. 1848년생 휴버트 패리와 1852년생 찰스 스탠포드, 그리고 1857년생 에드워드 엘가(Edward Elgar, 1857-1934)가 그 주인공들이다. 〈위풍당당 행진곡〉으로 유명한 엘가는 영국 음악의 수준과 인지도를 한 단계 올렸고, 패리와 스탠포드는 후진 양성에 힘을 쏟아 영국 음악사에 이름을 남겼다.

엘가는 1857년 영국 잉글랜드 우스터 근교에서 악기상의 아들로 태어났다. 아버지가 악기점을 운영하면서 교회 오르간 연주자로도 활동했기에 엘가는 어린 시절부터 음악과 친숙했다. 하지만 전문적인 음악교육은 받지 못했고 피아노와 작곡 모두 독학으로

에드워드 엘가

공부했다. 16세 때부터 바이올린과 피아노 교사가 되어 생활비를 벌면서 작곡했는데, 피아노를 가르치던 캐롤라인 앨리스 로버츠와 1889년에 결혼했다. 참고로 로버츠는 육군 소령의 딸이자 책을 출간한 작가로서 엘가보다 여덟 살 연상이었는데, 그녀의 부모는 둘의 결혼을 결사반대했다고 한다. 의절로 내쳐지기까지 했지만, 그녀는 뜻을 굽히지 않았다. 그녀는 엘가의 부인이자 매니저로서 그의 음악 활동을 아낌없이 지원했다.

1890년대, 엘가가 지역 음악제에 올리기 위해 작곡한 〈생명의 빛〉, 〈카락타쿠스〉 등이 호평을 받았다. 1899년에는 〈수수께끼 변주곡〉(창작 주제에 따른 변주곡)이 성공하면서 엘가는 일약 스타덤에 올랐다. 그는 1901년에 작곡한 〈위풍당당 행진곡〉으로 화룡점정을 찍었다. 이 곡의 멜로디 일부는 '희망과 영광의 나라'로 불리며 영국 국왕 에드워드 7세의 '대관식 송가'로도 쓰였다. 이 곡은 대영 제국

을 상징하는 곡으로서 영국에서 '제2의 애국가'로 불린다.

평론가들은 엘가의 음악에 대해 '독일 음악의 전통 안에서 영국 정신을 담아냈다'라고 평했다. 확실히 엘가의 음악에는 영국인의 심금을 울리는 무언가가 있는 모양이다. 이후 엘가는 교향곡 3곡을 비롯하여 바이올린 협주곡, 첼로 협주곡, 합창곡, 실내악곡, 가곡에 이르기까지 다양한 장르에서 활약하지만 오페라만은 작곡하지 않았다. 유명한 실내악곡 〈사랑의 인사〉는 앨리스와 결혼을 기념하기 위해 1888년에 쓴 곡이다.

사랑하는 배우자이자 유능한 매니저였던 앨리스가 1920년에 사망하자, 엘가는 실의에 빠져 예전처럼 걸출한 작품을 내놓지 못했다.

영국 음악을 부흥시킨 공적을 인정받아 1904년 기사의 칭호를 받았고, 1931년에는 국왕 조지 5세로부터 준남작 작위를 부여받았다. 국민적인 존경과 찬사 속에서 명예로운 말년을 보낸 그는 1934년 77세 나이로 생을 마감했다.

85
축음기

bb

축음기를 발명한 사람은 누구일까? 바로 발명왕 에디슨이다. 그는 1877년에 최초로 축음기를 만들고 자신이 직접 부르는 동요 '메리에겐 어린 양이 있었죠'를 녹음했다. 축음기는 1호부터 제대로 된 음악을 녹음한 셈이다. 에디슨은 이 발명품을 '포노그래프'라고 이름 붙였다.

그러나 이것은 어디까지나 실험 단계에 불과했다. 에디슨은 상품화를 위해 1878년에 에디슨 스피킹 포노그래프사를 설립하지만 성과가 신통치 않아 사업을 접었다. 사실 에디슨은 그 무렵 백열전구 발명에 한창 몰두하던 중이었다. 그랬던 만큼 축음기에 대한 흥미는 시들해졌다.

에디슨이 관심을 돌린 사이에 두 사람이 축음기 발명에 뛰어들었다. 전화기를 발명한 그레이엄 벨이 설립한 볼타 연구소의 치체스터 벨과 찰스 테인터다. 1886년 벨과 테인터는 아메리칸 그라포폰사를 설립한 뒤 1887년에 '그라포폰'이라는 이름으로 새로운 축음기를 만드는 데 성공했다.

이 소식이 에디슨의 승부욕을 자극한 것일까. 에디슨은 1887년부터 포노그래프 기술 개량에 본격적으로 착수하고, 1888년 에디슨 포노그래프사를 발족했다. 이 무렵부터 실린더 방식의 축음기 시장이 활성화되었다.

처음 연주를 녹음한 음악가는 누구일까. 바로 독일 낭만파 거장 브람스다. 1889년 빈에서 그가 작곡한 헝가리 무곡 제1번을 연주해 녹음했다. 녹음에는 브람스의 육성까지 남겼다.

"안녕하세요, 에디슨 박사님. 저는 브람스입니다."

브람스는 재생된 음을 들은 뒤 클라라 슈만에게 보내는 편지에서 '이제 포노그래프의 시대가 도래했다'라고 적었다고 한다.

비슷한 시기에 12세 천재 피아니스트 요셉 호프만과 대지휘자 한스 폰 뷜로도 에디슨의 연구소에서 피아노를 연주하고 녹음했다. 안타깝게도 이들의 연주 녹음 자료는 남아 있지 않다.

86

소련 음악

bb

하이든이 시작해서 베토벤이 완성한 교향곡. 이 장르는 말러를 끝으로 거대한 역사가 막을 내린다. 20세기에 들어서면서부터 교향곡 형식을 따르는 음악은 거의 작곡되지 않았다.

하지만 말러에서 끝났던 교향곡이라는 장르가 소련에서는 살아남았다. 무려 15곡의 교향곡을 만든 쇼스타코비치를 비롯해 수많은 작곡가가 20세기에도 소련에서 교향곡을 작곡했던 것이다.

문화란 중심에서 변경으로 확산되고, 중심에서 유행이 끝날 무렵 변경에서 유행이 시작된다. 일종의 타임 러그가 있다는 얘기다. 20세기 소련에서 교향곡이 성행한 데는 그런 이유도 있었다.

하지만 더 큰 이유는 돈이었다. 사회주의 국가 소련에서는 체제 선전을 위해 예술가를 키우고 지원했으며 소련 작곡가들은 돈 걱정 없이 교향곡에 전념할 수 있었다. 반면 자본주의 국가에서는 흥행 여부가 최우선이었다. 완성까지 오랜 시간이 걸릴뿐더러 교향곡을 만들어도 자주 연주되지 않으면 무의미했다. 검증된 과거 명곡이 아닌 신작 교향곡은 그만큼 위험부담이 컸다는 얘기다.

그리하여 소련에서는 쇼스타코비치를 비롯해 무려 27개 교향곡을 만든 니콜라이 미야스콥스키와 〈칼춤〉으로 유명한 아람 하차투리안 등이 꾸준히 교향곡을 작곡하며 소련 음악계를 주도했다.

실로 역사의 아이러니가 아닐 수 없다. 인간의 자유를 억압하는 사회주의 체제가 소위 '가성비'가 떨어지는 클래식이라는 예술의 든든한 후원자 역할을 했으니까 말이다.

작곡가만이 아니었다. 탁월한 음악적 재목이 있으면 국가의 전폭적인 지원 아래 일류 음악가로 육성하는 시스템도 갖추고 있었다. 그렇게 소련에서는 피아니스트 스뱌토슬라프 리흐테르, 에밀 길렐스, 블라디미르 아시케나지와 바이올리니스트 다비드 오이스트라흐, 레오니드 코간과 첼리스트 므스티슬라프 로스트로포비치 등 세계적인 연주가가 다수 배출되었다. 올림픽에서 소련 선수가 메달을 휩쓸 듯이 클래식 음악계에서도 소련 음악가가 강세를 보인 것이다. 국가 지원을 기대하기 힘든 서구에서는 부모의 경제력이 뒷받침돼야 어릴 때부터 피아노와 바이올린을 배울 수 있었다. 어쩌면 수많은 이의 재능이 집안 환경 때문에 묻혀버렸을지도 모른다.

그러나 소련의 강세도 언제까지나 이어지진 않았다. 소련 출신 음악가 상당수가 서구에서 명성을 얻자 자유를 찾아 망명해버렸으니까.

공산당 정권이 붕괴하면서 소련이라는 나라는 역사 속으로 사라졌다. 그 뒤를 이은 러시아에서 앞으로 교향곡을 만드는 작곡가와 위대한 연주가가 다시 나올 수 있을까.

87
쇼스타코비치

♭♭

소비에트 사회주의 공화국연방(소련) 시대를 대표하는 러시아 작곡가 드미트리 쇼스타코비치(Dmitrii Dmitrievich Shostakovich, 1906-1975). 그는 세계적으로 손꼽히는 교향곡의 대가다.

쇼스타코비치는 1906년 상트페테르부르크에서 태어났다. 아버지는 기술자였고 어머니는 결혼하기 전 피아니스트였다. 9세 때부터 작곡을 시작하는 등 어린 시절부터 음악적으로 두각을 드러냈다.

쇼스타코비치는 소련이 자랑하는 대작곡가로서 말년에는 그 명성이 최고조에 달했지만, 젊은 시절에는 반체제 인사로 낙인찍혀 숙청당할 위기에 처하기도 했다.

1934년 오페라 〈므첸스크의 맥베스 부인〉은 20세기 오페라의 최고 걸작으로 평가받지만, 당시에는 스탈린의 심기를 건드린 문제작이었다. 전체주의 나라에서 최고 권력자에게 미움을 사면 인생에 시련이 닥치게 마련이다. 1936년 1월 26일, 스탈린은 호평이 자자

한 〈므첸스크의 맥베스 부인〉을 보러 왔다가 도중에 자리를 떠버렸다. 작품의 전위적인 성향이 마음에 들지 않았던 것이다. 1월 28일 소비에트 공산당 기관지 〈프라우다〉는 '음악이라고도 할 수 없는 혼돈 그 자체'라며 이 오페라에 대한 혹평을 퍼부었다. 초연 이후 2년 가까이 수많은 관객이 극찬한 흥행작이 단지 스탈린의

드미트리 쇼스타코비치

취향이 아니라는 이유로 상연이 전면 금지되고 말았다.

그뿐만이 아니었다. 최고 권력자에게 미운털이 박힌 쇼스타코비치는 가혹한 핍박을 받게 되었다. 작곡가로서 활동은 물론 반정부 인사로 체포될 위기에 처한 것이다. 생명의 위협마저 느껴지는 상황 속에서 쇼스타코비치는 통렬한 자아비판으로 겨우 살아남았다.

실제로 쇼스타코비치는 얼마나 위험한 상황에 있었을까. 그를 후원하는 사람 중 소비에트 적군의 고위 관료인 미하일 투하쳅스키가 있었다. 그는 1937년 5월에 스탈린 암살 계획을 꾸몄다는 죄명으로 체포되고 다음 날 처형되었다. 어제까지만 해도 '나라의 영웅'이던 인물이 하루아침에 '나라의 악당'이 되어 살해당한 것이다. 이런 일은 1930년대 소련에서는 흔하디흔한 일상이었다. 스탈린은 자기보다 유능한 인물은 모조리 숙청했다. 그들이 언제 자신의 적이 되어

등에 칼을 꽂을지 몰랐으니까.

투하쳅스키와 친분을 나눈 인물 중에 쇼스타코비치가 있다는 사실을 알게 된 당국은 쇼스타코비치를 경찰서로 불러 심문했다. 쇼스타코비치는 교우관계가 있음을 인정했지만, 암살 계획에 대해서는 아는 바가 없다고 답했다. 그렇게 그날 심문이 끝났다.

당시 쇼스타코비치는 사형까지도 각오했다고 한다. 그런데 오라는 날짜에 다시 경찰서에 갔더니 그를 심문했던 담당관이 보이지 않았다. 무슨 이유에서인지 그 담당자도 체포되고 만 것이다. 결국 쇼스타코비치는 처벌 없이 풀려났다.

운이 좋았지만 쇼스타코비치는 뼈저리게 느꼈다. 이 나라에서 스탈린 이외에 누구도 안전하지 않다는 것을!

몇 달 뒤, 쇼스타코비치는 교향곡 제5번을 완성했다. 위엄 넘치고 영웅적인 느낌을 물씬 풍기는 이 작품은 사회주의 가치를 선동하는 데 제격이었다. 예상대로 당국은 흡족한 반응을 보였고, 그렇게 그는 이를 앞세워 성공적으로 복귀했다. 당국의 취향에 맞는 교향곡을 만들어 인생 최대의 위기를 넘긴 것이다.

이후 쇼스타코비치는 국가 권력과 긴장관계를 유지했지만, 말년에는 공산당에 입당하고 소련 최고회의 대의원(국회의원)도 되는 등 국가 영웅으로서 살았다. 그러고는 1975년 68세 나이로 세상을 떠났다. 교향곡 외에도 현악 4중주, 발레곡, 영화음악 등 여러 장르에 작품을 남겼고, 피아니스트로서 연주하고 녹음한 자작곡도 많이 남겼다.

88

브리튼

bb

19세 후반, 영국 음악의 르네상스 속에서 등장한 벤저민 브리튼 (Edward Benjamin Britten, 1913-1976)은 마침내 자국이 그토록 염원 하던 '세계적인 영국인 음악가'로서 명성을 얻었다. 그는 17세기 헨 리 퍼셀 이래 영국이 낳은 최고의 오페라 작곡가이기도 하다.

브리튼은 1913년에 치과의사인 아버지, 아마추어 성악가인 어머 니 사이에서 태어났다. 그는 어려서부터 음악적 재능을 보이며 7세 때 피아노곡을 작곡한 신동이었다. 16세 때 런던 왕립 음악원에 입 학해 작곡과 피아노를 배웠는데 재학 중에는 피아노곡, 실내악곡, 교 향곡을 발표했다.

브리튼은 사진이 남아 있는 작곡가 중 아마 가장 잘생긴 사람이 아닐까 싶다. 필시 수많은 여성에게 아이돌 못지않은 인기를 누렸을 외모다. 여성 팬이 얼마나 많았는지는 모르겠지만 사실 그는 동성애 자였다.

벤저민 브리튼

비단 음악가만이 아니라 예술가 중에는 동성애자가 많다. 그런데 개방적인 서양에서조차 20세기 이전까지 동성애는 금기여서 이런 성향을 쉬쉬하는 경우가 대부분이었다. 브리튼은 예외였지만 말이다. 그는 테너 가수 피터 피어스와 평생 연인관계를 유지했는데, 이 사실을 딱히 숨기려고 하지 않았다. 남에게 피어스를 친구라고 소개했다는 이야기도 있지만, 둘이 부부 사이라는 건 공공연한 비밀이었다. 브리튼이 만든 성악곡은 피어스가 부른다는 전제로 작곡한 작품이 많다. 그의 대표작인 오페라 〈피터 그라임스〉도 그중 하나다.

〈피터 그라임스〉는 1945년 6월, 제2차 세계대전이 끝난 해에 초연된 '전후 최초의 오페라'다. 당시 일본은 아직도 전쟁을 치르는 중이었지만 유럽은 독일이 5월에 항복하면서 종전을 맞이했다. 〈피터 그라임스〉는 브리튼의 첫 오페라이자 20세기 오페라의 최고 걸작이다. 영국 동부 바닷가 마을을 무대로 공동체에서 소외된 남자의 고독을 그린 작품으로 지금도 자주 상연되는 스테디셀러다.

신화나 역사극, 혹은 남녀 연애가 주된 스토리였던 오페라는 20세기가 되면서 분위기가 바뀐다. 웃음이 터지는 익살스러운 유머극이나 눈물 없이는 볼 수 없는 로맨스극은 사라지고 진지한 사회 주제를 다루는 작품이 유행하기 시작했다.

한편 반전주의자이던 브리튼은 제1차 세계대전에서 병역을 거부하고 미국으로 건너갔다. 〈전쟁 레퀴엠〉은 1961년에 완성한 성악곡으로, 종종 '레퀴엠'이라는 제목 때문에 종교 음악인 것처럼 오해받지만 브리튼이 세계대전의 참상을 목격하며 평화에 대한 염원을 담은 작품이다.

1946년에 완성한 〈청소년을 위한 관현악 입문〉은 제목에서 보듯 오케스트라 각각의 악기가 어떤 소리를 내는지 소개하는 음악이다. 처음부터 청소년을 대상으로 한 교육용으로 만들어진 작품이지만, 예술성이 뛰어나 지금은 누구나 즐기는 음악으로 자리 잡았다.

반전주의자와 동성애자라는 이유로 브리튼은 보수적인 영국 사회에서 과격한 이미지로 낙인찍힐 수도 있었다. 하지만 그에게 거칠고 반항적인 이단아 이미지는 없다. 음악적으로 새로운 시도를 했지만, 그의 작품은 항상 클래식의 범주 안에 있었다.

브리튼의 음악을 들으면 늘 따뜻한 인간미가 느껴진다. 이것이 사람들에게 널리 사랑받은 이유 아닐까.

89
메시앙

bb

음악은 기본적으로 작곡가의 서재에서 탄생한다. 모차르트처럼 투어를 다니느라 여행지에서 작곡한 인물도 있지만 그런 경우 대개는 숙소가 작곡가의 서재 역할을 했다.

하지만 프랑스 작곡가 올리비에 메시앙(Olivier Messiaen, 1908-1992)의 대표작 〈세상의 종말을 위한 4중주〉는 예외였다. 이 곡은 나치 수용소에서 탄생했다. 왕후 귀족의 궁정이나 교회에서 작곡·연주되던 음악이 20세기 중반에 들어 수용소에서 작곡·연주된 것이다. 이 또한 역사의 진보라고 할 수 있을까.

나치 수용소라고 해도 유대인을 학살했던 아우슈비츠 같은 곳은 아니다. 포로로 잡힌 프랑스군 병사들을 대상으로 한 수용소였기에 비교적 자유는 있었다. 그러나 당장 내일 어떻게 될지 모르는, 하루하루를 불안으로 떨어야 했던 상황임은 분명했다.

메시앙은 1908년 프랑스 아비뇽에서 태어났다. 아버지는 영어 교사이고 어머니는 시인이었
다. 셰익스피어 작품을 번역하
기도 한 아버지 덕분에 그는
어릴 적부터 문학에 흥미를
가졌다. 독학으로 음악을 공부
한 그는 11세 때 파리 음악원
에 입학했다.

올리비에 메시앙

참고로 그는 독실한 가톨릭
신자였는데, 이것이 20세기
작곡가로서 보기 드물게 종교
음악을 다수 작곡하는 배경이 되었다.

음악원을 졸업한 뒤, 메시앙은 피아노와 오르간 연주를 하면서
작곡했고 해박한 음악사와 음악 이론 지식을 토대로 여러 저서를 집
필했다. 그는 조류학에도 깊은 흥미를 가졌는데, 세계 각지에서 새
노래를 채집해 자신이 작곡한 음악에 새소리를 사용하기도 했다.

제1차 세계대전과 제2차 세계대전에서는 수많은 음악가가 전선
에 나가 싸웠다. 그만큼 국가적인 총력전이었다. 운이 좋으면 군악
대에 들어갈 수 있었지만, 대다수는 전선에서 총을 들고 적과 싸워
야 했다. 예술가라고 예외일 수는 없었다. 메시앙도 1939년 8월부
터 군대에 동원되는데, 1년 후인 1940년 여름에 독일군 포로가 되
어 슐레지엔 수용소에 수감되었다.

이 수용소에서 메시앙은 음악가 세 명을 만났다. 클라리넷 연주

자 앙리 아코카, 바이올린 연주자 장 르 불레르, 첼로 연주자 에티엔 파스키에가 그들이다. 그들은 메시앙과 같은 수용소에 수감되어 있었다. 얼마 뒤 피아노, 바이올린, 첼로, 클라리넷을 위한 4중주곡이 탄생했다. 메시앙이 성경의 '요한의 묵시록' 이미지를 음악으로 만든 〈세상의 종말을 위한 4중주곡〉이 그것이다.

수용소 책임자는 음악을 이해하는 사람이었고 이들의 연주를 허락했다. 1941년 1월 15일, 〈세상의 종말을 위한 4중주곡〉은 수용소에서 초연되었다. 혹한으로 악기도 형편없는 상태였고 포로들이 모두 음악을 좋아했던 것도 아니지만 연주회는 성공적이었다. 다른 오락거리가 없어 권태를 느낀 포로들이 이들의 음악에 열심히 귀 기울였던 것이다.

그해 2월, 메시앙은 풀려나 파리로 돌아왔다. 수용소에서 결성된 4중주단은 해체되었으며 이후로 네 명이 다시 모인 적은 없었다.

메시앙은 말년까지 창작열을 불태우며 20세기 프랑스를 대표하는 음악가로 활약했다. 무려 10악장에 이르는 〈투랑갈릴라 교향곡〉은 삶과 자연 그리고 우주를 아우르는 그의 대표작으로, 여전히 세계 공연장에서 연주되고 있다.

90

피아졸라

bb

아르헨티나의 탱고 뮤지션 아스토르 피아졸라(Astor Pantaleón Piazzolla, 1921-1992)를 클래식이라는 범주에 넣어도 좋을까. 누군가는 이의를 제기할지 모르지만, 실제로 그의 음악은 클래식으로서 연주될뿐더러 음반 전문점에 가자면 클래식 코너에 진열되어 있다.

피아졸라는 아르헨티나의 전통 음악 탱고에 재즈와 클래식 요소를 접목해 독자적인 음악 세계를 구축한 음악가다. 반도네온 연주자이자 작곡가로 자신이 결성한 악단을 위해 수많은 곡을 만들었다. 19세기 후반부터 클래식 음악은 작곡가와 연주자가 점점 분리되었는데, 피아졸라는 예외였다.

처음부터 피아졸라가 음악계에서 인정받은 건 아니었다. 오히려 탱고에 재즈와 클래식을 접목했다는 이유로 탱고와 클래식 음악계 양쪽에서 배척받았다. 탱고는 원래 춤을 추기 위한 음악이었다. 그러니 탱고 음악계는 '피아졸라의 탱고는 듣기 위한 음악'이라며 그

아스토르 피아졸라

를 비판했다. 전통을 무시했다는 얘기다. 보수적인 클래식 음악계도 '저런 음악은 클래식이 아니다'라며 차가운 냉소를 보냈다.

피아졸라는 1921년 아르헨티나에서 이탈리아계 이민자로 태어났다. 아르헨티나를 비롯해 남아메리카에는 유럽에서 많은 사람이 이민을 왔다. 사람들이 이동하면 음악도 함께 전해지는 법. 남미 대륙에는 유럽 각지의 민속 음악들이 전해지면서 여러 음악과 융합되어 발전해갔다.

아르헨티나 탱고의 기원은 스페인의 플라멩코와 쿠바의 하바넬라라고 알려져 있으나 아프리카계 음악에서 발전했다는 설도 있다. 무엇보다 반도네온이라는 악기로 연주된다는 점이 큰 특징이다.

20세기 전반의 아르헨티나는 남미에서 가장 부유한 나라였다. 그런 만큼 거액을 주고 유럽의 클래식 연주가들을 초대하는 음악 소비 대국이었다.

일반적으로 유럽 음악가들은 북반구가 시즌오프가 되는 여름이면 계절이 뒤바뀐 남반구로 연주 여행을 가곤 했다. 이것이 상당한 부수입이 된 것이다(물론 그 이외 계절에도 연주 여행을 하던 음악인은 많다).

피아졸라는 아버지 사정으로 소년 시절을 뉴욕에서 보냈는데, 이 경험은 그가 어릴 적부터 적당한 거리감을 가지고 탱고를 접하는 계기가 되었다. 가족 모두 아르헨티나에 돌아온 뒤 본격적으로 탱고를 들으면서 완전히 매료된 피아졸라. 그는 탱고 악단에 합류해 반도네온을 배우고 뮤지션으로서 활약했다. 그리고 얼마 뒤에는 자기 악단을 결성하기에 이르렀다. 아르헨티나 작곡가 알베르토 히나스테라에게 클래식을 배우고 프랑스 파리로 건너가 나디아 불랑제에게 사사하는 등 클래식 음악가를 꿈꾸던 시기도 있었다. 하지만 1955년 프랑스에서 귀국한 뒤 탱고 음악가의 길을 가기 시작했다. 전자기타를 도입한 부에노스아이레스 8중주단을 결성해 그만의 독자적인 탱고를 발표하지만, 보수적인 탱고 팬에게 외면받으며 흥행에 참패했다. 그는 새로운 돌파구를 찾기 위해 뉴욕으로 건너갔다. 가수들의 반주로 생계를 이어가면서 재즈와 탱고를 융합시킨 실험적인 음악을 만들었다.

1960년대에 다시 아르헨티나로 돌아온 피아졸라는 5중주단, 8중주단, 9중주단, 6중주단 등 다양한 형태의 악단을 결성하고 해산하기를 거듭하며 자신만의 독창적인 탱고 음악을 확립해갔다. 1992년에 연주된 〈다섯 개의 탱고 센세이션〉은 세계적 돌풍을 일으키며 피아졸라를 탱고의 전설로 등극시켰다. 같은 해 완성된 〈부에노스아이레스의 사계〉는 바이올린 협주곡으로 편곡되어 지금도 클래식 음악의 주요 레퍼토리로 무대에서 연주된다.

피아졸라의 음악은 자신의 악단 연주용으로 만들어졌지만, 사후

에는 다양한 뮤지션이 그의 곡을 연주하고 있다. 아르헨티나에 피아
졸라의 뒤를 이을 후계자는 등장하지 않았다. 따지고 보면 당연한
일이다. 너무나 독특하고 참신해서 누군가가 모방하거나 계승할 수
있는 음악이 아니니까 말이다.

91

현대 음악

bb

사람들은 말한다. '현대 음악은 이미 낡았다'고. 현대가 낡았다? 얼핏 이해가 가지 않을지도 모른다.

미리 밝혀두지만 '현대의 음악'과 '현대 음악'은 다르다. 현대의 음악에는 록이나 팝송(일본의 J팝도) 등이 모두 포함된다.

반면 현대 음악이란 이른바 클래식 음악 중에서 제2차 세계대전 이후인 1950년대부터 1960년대 무렵까지 작곡된 전위적인 음악을 말한다. 그 안에는 멜로디나 조성, 리듬을 부정하는 난해하고 급진적인 음악(때로는 음악이라고 부를 수 없을 듯한 것도 있다)이 있다.

당시 현대 음악 작곡가들은 과거로부터 이어져온 음악을 부정하고 전자악기를 도입하는 등 다양한 시도로 새로운 음악의 길을 개척하며 "이것이 현대 음악이다!"라고 외쳤다.

하지만 실험은 결국 실험일 뿐. 일부 마니아에게는 실험 정신이 환영받았으나 실험 정신을 발휘할수록 음악은 점점 급진적이고 과격해졌다. 대중에게 외면받는 음악이 경제원리에 의해 폐기되는 건 예정된 수순이었다.

이것이 '현대 음악은 이미 낡았다'는 이야기가 나온 이유다.

현대 음악의 시작은 앞서 설명했듯이 제2차 세계대전 이후부터다. 그렇다면 끝은 언제일까. '현대'의 시기가 명확하지 않으니 지금으로선 알 수 없다. 20세기 후반에 작곡된 클래식 음악을 현대 음악이라 부르지만, 소련의 쇼스타코비치처럼 고전파와 낭만파 양식을 토대로 작곡한 곡은 현대 음악이라 부르지 않는다. 이처럼 현대 음악의 시기와 범주는 명확히 규정하기가 쉽지 않다.

92
케이지

bb

이제는 흘러간 유행가처럼 식상해졌지만, 20세기 후반까지 전위 음악은 관객에게 충격을 던져줄 만큼 새롭고 혁신적이었다. 존 케이지(John Cage, 1912-1992)는 시대의 최첨단을 달리던 전위 음악을 대표하는 작곡가다.

케이지의 가장 유명한 작품으로 1952년에 발표된 〈4분 33초〉가 꼽힌다. 무대에 있는 연주자가 4분 33초 동안 전혀 악기를 연주하지 않고 침묵한다. 하지만 연주가 없어도 콘서트홀에는 여러 소리가 존재한다. 청중이 움직일 때 옷 스치는 소리, 숨소리 등등. 그것들은 음악이 연주될 때는 소리에 묻혀 들리지 않지만, 연주가 멈추면 어렴풋이 들려온다. 그러한 소리를 음악 작품으로 인식시키는 것이 케이지의 목적이었다. 관객의 반응으로 완성되는 현대 미술처럼 〈4분 33초〉 또한 아이디어의 승리인 셈이다. 하지만 이것이 과연 음악이라고 할 수 있을까. 당연하게도 이 곡이 발표되자 불쾌하다며 화를

존 케이지

내는 사람도, 획기적이라고 극찬하는 사람도 있었다.

케이지는 1912년 미국 로스앤젤레스에서 태어났다. 아버지는 발명가였으며 이모와 삼촌은 음악가였다. 그의 음악가 인생은 이모에게 피아노를 배우면서 시작된다.

하지만 케이지는 음악가가 되기에는 관심 영역이 너무 넓었다. 건축, 회화, 문학에도 깊은 식견을 가지고 있었으며 버섯에 대한 지식은 전문가에 버금갈 정도였다.

케이지는 클레어몬트의 포모나 칼리지에 입학했지만 이내 공부에 흥미를 잃고 작가가 되기 위해 파리로 건너갔다. 정작 파리에서는 건축가 밑에서 건축을 배우고 이후 음악으로 진로를 변경한 뒤 미국으로 돌아왔다. 그리고 나치 독일을 피해 미국으로 망명한 쇤베르크에게 대위법과 악곡 분석을 배웠다. 하지만 화성학에 대한 의견 차이로 사제관계는 끝났다.

쇤베르크는 조성을 파괴하며 음악적 혁명을 이룬 인물이다. 그의 제자이던 케이지는 그 혁명을 극단까지 끌어올렸다. 음악의 상식을 초월한 무언가를 추구했던 것이다.

케이지가 도달한 지점은 '우연성의 음악'이었다. 그의 독자적 음악 사상에 따르면, 작곡가는 신과 같은 전지전능한 창조자가 아니다. 우연성의 음악에서는 템포, 소리 종류, 강약, 장단조 등의 여러 음악 요소를 놓고 동전 세 개를 던져 어느 요소를 이용해 연주할지 결정해간다. 즉, 해보지 않으면 어떤 곡이 될지 아무도 모르는 것이다.

오르간곡 〈최대한 느리게〉는 제목에서 보듯 가능한 한 천천히 연주하는 곡이다. 독일 할버슈타트에 있는 교회에서 2001년에 연주가 시작되었고 2604년에 끝날 예정이다. 사람이 계속 연주할 수는 없는 노릇이므로 하루 24시간 내내 기계가 자동으로 연주하며 1년에 한두 번 소리가 바뀐다고 한다.

이처럼 케이지는 우연성에 기초한 작곡법, 조작된 피아노 기법, 도안 악보 등 독창적인 아이디어로 승부하는 작품을 잇달아 발표하며 20세기 음악사에 혁신가로 이름을 남겼다. 실험성 넘치는 곡뿐만 아니라 대중이 평범하게 들을 만한 음악도 만들었는데, 다방면의 예술가들에게 영감을 주었다.

93

칼라스

bb

    BC는 '기원전(Before Christ)'이라는 의미지만, 오페라 역사에서 BC는 '칼라스 이전(Before Callas)'이라는 의미다. 음악사에서 마리아 칼라스(Maria Callas, 1923-1977)의 존재는 가히 그리스도에 필적하는 셈이다.

    칼라스를 '20세기 최고의 소프라노 가수'로 부르는 데 이의를 제기할 사람은 없으리라. 그만큼 독보적인 존재지만, 실상 그녀의 전성기는 1950년대의 10년에 지나지 않는다. 목소리도 역대 소프라노 가수 중 최고의 미성도, 고음도 아니다. 그녀보다 더 아름답고 높은 목소리를 가진 소프라노라면 얼마든지 존재한다. 그럼에도 칼라스는 오페라 역사를 '칼라스 이전'과 '칼라스 이후'로 구분 지을 만큼 위대한 여왕이자 혁명가였다. 도대체 그녀의 무엇이 그토록 새롭고 오페라 역사를 바꿀 만큼 혁신적이었을까.

    칼라스는 그리스계 이민자의 딸로, 1923년 뉴욕에서 태어났다.

1936년에 그리스로 건너가 아테네 음악원에서 성악을 배웠다. 이후 1938년에 오페라극장에서 데뷔하는데, 처음에는 좋은 배역을 받지 못했다. 그녀의 뚱뚱한 외모 때문이었다.

그전까지 오페라 가수는 남녀 할 것 없이 체구가 다 컸다. 배가 커야 좋은 울림이 난다는 농담인지 진담인지 알 수 없는 설이 횡행했는데, 유명 가수는 고액의 출연료를 받으며 호의호식하느라 비만이 되기 일쑤였다. 테너와 소프라노가 포옹하는 장면에서 서로의 배가 먼저 닿는 바람에 포옹을 못 한다는 우스갯소리가 있을 정도였다.

칼라스도 처음에는 뚱뚱했지만, 외모 때문에 배역을 맡는 데 제약이 생기자 무려 30킬로그램이나 체중을 감량했다. 일설에 의하면, 촌충(기생충)을 먹었다고 한다.

여하튼 다이어트한 덕분에 1947년, 그녀는 원하는 주연을 마침내 따냈다. 1950년에는 밀라노의 라 스칼라 극장에 입성해 베르디의 〈아이다〉 주인공을 열연하며 놀라운 흥행 성적을 기록했다.

다이어트 이후 칼라스는 그야말로 오페라의 여신으로 거듭나며 부동의 자리에 올랐다. 그녀는 아름다운 외모와 뛰어난 노래 실력, 흠잡을 데 없는 연기까지 선보이며 그저 목소리만 좋은 가수와는 차원이 다른 독보적 존재로 등극했다.

그때까지만 해도 오페라 가수는 높고 큰 목소리를 낼 수 있는지가 중요했지, 외모나 연기력은 중요하지 않았다. 프로 수준의 연기력보다 노래만 잘하면 모두가 만족했던 것이다.

하지만 20세기 후반에 이르러 상황은 달라졌다. 무대 연출에서

마리아 칼라스

커다란 변화가 일어난 것이다. 밀라노 라 스칼라 극장의 무대 연출은 영화감독 루키노 비스콘티가 담당하고 있었다. 그는 치밀한 사실주의에 세련된 취향을 더해 오페라 무대를 완성했으며 가수들에게 수준 높은 연기력을 주문했다. 칼라스는 이런 분위기에 완벽하게 부합하는 오페라 가수였다. 외모와 연기력을 겸비한 오페라 가수의 출연은 당시엔 그야말로 혁명이었다.

그렇다면 칼라스의 목소리는 훌륭하지 않았을까? 누구나 그 목소리를 미성이라고 인정하진 않는다. 하지만 누구나 그 목소리를 매력 있다고 인정한다.

칼라스는 외모와 연기력도 뛰어났지만, 그것만 있는 건 아니었다. 그녀의 목소리에는 인간의 갖가지 내면을 드러내는 표현력과 호소력이 있었다. 이것이야말로 칼라스가 가진 독보적인 매력이자 오직 목소리만 녹음되는 레코드에서도 그녀의 매력을 느낄 수 있는 이유였다. LP 레코드의 부흥기에 활동한 칼라스는 음반 회사 EMI와 전속계약을 맺고 명작 오페라 대부분을 녹음했다.

화려한 절정기는 10년이 지나자 막을 내렸다. 매니저인 남편을 두고 그리스의 대부호 오나시스와 불륜에 빠져 이혼한 칼라스는 그와 결혼 직전까지 가지만 돌연 파국을 맞이했다. 오나시스가 케네디 대통령의 미망인 재클린과 결혼했기 때문이다.

실연의 충격에서 벗어나지 못한 칼라스는 우울증에 걸려 수면제 등 약물에 의지하다 1977년 53세 나이로 쓸쓸히 생을 마감했다.

94

굴드

♭♭

레코드가 등장하면서 음악 산업이 새로운 전기를 맞이하자 '콘서트 시대의 종언'을 예견하며 콘서트 연주자를 은퇴하고 스튜디오 녹음에 전념한 이가 있다. 바로 캐나다의 전설적인 피아니스트 글렌 굴드(Glenn Gould, 1932-1982)다. 1982년에 50세 나이로 사망했지만, 여전히 컬트적인 인기를 구가하며 CD가 꾸준히 팔리고 있다.

굴드는 1932년에 캐나다 토론토에서 모피상 아버지와 성악 교사 어머니 사이에서 태어났다. 어머니는 그가 배 속에 있을 때부터 음악가로 키우고자 했다. 그녀의 기대대로 굴드는 음악에 천부적인 소질을 지닌 아이로 태어나 어려서부터 남다른 재능을 발휘했다. 하지만 부모는 신동인 아들을 돈벌이 수단으로 삼으려 하진 않았다.

굴드는 1945년에 오르가니스트로 첫 연주회를 가졌고, 이듬해 피아니스트로 토론토 필하모닉 콘서트에서 데뷔했다. 이때부터 천재 소년의 눈부신 활약이 시작되었다. 초반에는 그저 캐나다에서만

유명한 신예 피아니스트에 불
과했지만, 1950년대에 들어
서 실용화되는 LP라는 신매체
를 통해 굴드는 세계적인 명
성을 얻게 되었다. 1956년 굴
드는 컬럼비아 레코드(현 소니
클래식)에서 〈바흐: 골드베르
크 변주곡〉을 발표하는데, 바

글렌 굴드
©Don Hunstein / Glenn Gould Foundation

흐에 대한 독창적이고 참신한 해석으로 전 세계 음악계에 엄청난 충
격을 주었다. 이 음반은 음악사에 길이 남을 걸작의 반열에 올랐다.
이를 통해 굴드는 독보적인 바흐 해석가로서 입지를 굳혔다.

　한여름에도 코트에 머플러, 장갑을 착용했던 괴짜 연주자 굴드.
그는 피아노 실력뿐 아니라 갖가지 기행으로도 입소문에 오르내렸
다. 당시 굴드는 제임스 딘이나 엘비스 프레슬리 같은 1950년대 '반
항적인 젊은 스타'에도 부합하는 이미지를 갖고 있었기 때문에 인기
가 계속 올라갔다. 1957년에는 전후 소련에서 처음으로 연주한 북
미 피아니스트로서 콘서트 무대에 섰다. 재능과 스타성을 갖춘 굴드
는 전 세계에서 빗발치는 연주 요청을 받았다. 그렇게 소련 투어를
비롯해 세계 각지를 돌아다니며 콘서트 피아니스트로서 생활을 시
작했다.

　1964년, 굴드는 시카고 독주회를 마지막으로 돌연 콘서트 활동
을 중단했다. 대중에 나서기를 싫어한 천재 피아니스트는 다른 연

주가들이 무엇보다 바라는 객석의 뜨거운 박수갈채를 견디지 못했다. 연주 중 객석의 기침이나 옷자락 소리 등 사소한 소음도 그의 예민한 신경을 자극했다. 사전에 마지막 콘서트임을 예고한 건 아니기에 화려한 은퇴식은 없었다. 그는 이후 스튜디오에 틀어박혀 레코드와 라디오, TV를 통한 음악 활동을 시작했다. 1981년에 〈골드베르크 변주곡〉을 재녹음했는데, 다음 해인 1982년에 뇌졸중으로 세상을 떠났다.

사람들은 말한다, 아무리 우수한 녹음도 콘서트의 실황 연주에 미치지 못한다고. 하지만 굴드는 이런 생각을 단호히 부정했다. 심지어 콘서트는 음악을 감상하기에 최악의 환경이라고까지 말했다.

확실히 콘서트에는 불확실한 요소가 많아 레코드 녹음에 비해 리스크가 크다. 연주자의 컨디션은 그날그날 달라지므로 연주마다 완성도에 차이가 있고 콘서트홀 상태와 자리에 따라 소리의 울림도 천차만별이다. 논리적으로 보면 불확실한 요소를 최대한 제거하고 음악을 녹음하는 레코드가 안정적이라고 할 수 있다.

콘서트와 레코드를 양자택일할 필요는 없다. 양쪽의 장점을 취하면서 모두를 즐기면 최상이겠지만, 결벽적 성향의 완벽주의자 굴드는 콘서트를 버리고 레코드 녹음을 택했을 뿐이다. 불확실성을 줄이는 편집의 마법에 매료되었다고나 할까.

비슷한 시기에 비틀스도 콘서트 활동을 중단하고 스튜디오 녹음에 열중했다. 굴드와 비틀스는 몸소 증명해냈다. 레코드가 단순히 연주된 음악을 기록하고 대량으로 복제하는 수단이 아니라 녹음을 통해 새로운 창작물을 탄생시키는 존재라는 것을.

굴드는 음악 해석에 대한 기존의 관념을 거부했다. 특히 바흐에 대한 해석에서 그의 진가가 드러나는데, 참신하고 독창적인 연주는 파격 그 자체였다. 반면 쇼팽이나 리스트처럼 프로 피아니스트들이 즐겨 연주하는 작곡가의 곡은 거의 연주하지 않았다.

레코드 시대에 콘서트의 종말을 예견했던 굴드. 그 예견은 한때 현실화되는 듯했으나 인터넷 사회가 도래하면서 역전되었다.

누구나 유튜브로 명곡을 들을 수 있게 된 시대가 되자, 레코드 산업은 사양길에 들어서고 라이브 콘서트가 다시금 각광받기 시작한 것이다.

95
카라얀

♭♭

헤르베르트 폰 카라얀(Herbert von Karajan, 1908-1989)은 클래식 음악계에 거대한 족적을 남긴 20세기 최고의 슈퍼스타다. 오랜 시간 명지휘자로서 스타성을 유감없이 발휘했으며 1970년대 일본에서 그는 그야말로 '클래식의 대명사'였다.

카라얀은 1908년 모차르트의 고향 잘츠부르크에서 태어났다. 아버지는 의사로 주립병원 외과 부장을 지냈는데, 아마추어 클라리넷 연주자이기도 했다. 그는 3세 때부터 피아노를 배우기 시작해 4세 때 사람들 앞에서 연주한 신동이었다. 빈 국립 음악 아카데미(현 빈 국립음악대학)에서 피아노를 배우면서 한때 피아니스트를 꿈꿨으나 스승의 조언에 따라 지휘자로 전향했다.

1929년, 그는 21세 나이로 지휘자 무대에 공식 데뷔했다. 첫 무대로 호평받은 그는 독일의 울름 오페라극장에서 지휘자 활동을 시작했고, 아헨 오페라극장으로 옮긴 뒤 신예 지휘자로서 주목받았다.

카라얀이 활약한 시기는 히틀러가 정권을 잡는 시기와 겹친다. 1933년 1월에 나치가 정권을 장악하고 이듬해 카라얀은 아헨 시립극장의 지휘자가 됐다.

순조롭게 커리어를 쌓아가던 카라얀에게도 앞길을 가로막는 인물이 있었으니, 당시 독일이 자랑하던 세계적인 지휘자 빌헬름 푸르트벵글러였

헤르베르트 폰 카라얀

다. 그는 카라얀보다 스무 살 넘게 나이가 많았지만, 아들뻘인 카라얀을 경쟁자로 느낀 모양인지 사사건건 그의 발목을 잡았다.

카라얀은 나치당원이었으나 한때 히틀러의 미움을 사서 독일 음악계에서 추방당한 적이 있다. 하지만 오히려 이 일이 전후에는 유리하게 작용했다. 자신은 히틀러에게 탄압받았다고 주장하며 복권된 것이다. 푸르트벵글러는 나치를 지지하진 않았으나 독일 밖에서 보면 나치의 선전 수단으로 활용된 건 마찬가지였기에 전후 비난의 대상이 되었다. 그러나 이후 그도 복권되었다.

1954년 푸르트벵글러가 사망하자 카라얀은 후임으로 베를린 필하모닉 지휘자로 취임했다. 아울러 오페라극장의 최고봉인 빈 국립오페라극장과 음악제의 최고봉인 잘츠부르크 음악제의 음악감독 자

리에도 오르면서 카라얀은 그야말로 클래식 음악계의 제왕적 존재로 발돋움했다. 그는 수많은 객원 지휘자와 솔리스트의 인사권을 행사하는 막강한 권력을 휘둘렀다. 또한 도이치 그라모폰, EMI, 데카 등 세계 3대 클래식 음반사를 좌지우지하며 자신의 레퍼토리를 녹음했다. 그가 남긴 CD는 무려 500장에 이른다.

카라얀은 클래식 음악이 상업화되는 시류를 영리하게 이용한 인물이었다. 매니지먼트 회사와 레코드 회사가 음악 산업의 주축으로 부상하자, 콘서트를 주 수입원으로 삼던 연주가에게 레코드와 방송이라는 새로운 수입원이 생겼다. 더욱이 회사가 막대한 비용을 쓰며 대대적인 홍보 활동을 벌이기 시작하면서 인기 연주가들은 비행기를 타고 세계 곳곳을 누비며 공연하기 시작했다. 이런 분위기 속에서 카라얀은 레코드와 투어 연주, 방송이라는 음악 비즈니스를 최대한 활용해 엄청난 부와 명예를 쌓았다.

상업적으로 워낙 대성한 까닭에 카라얀을 예술가가 아닌 장사꾼이라고 폄훼하는 사람도 많지만, 여전히 그의 음악은 수많은 사람이 즐겨 듣는다. 동시대 음악가들의 CD가 더 이상 팔리지 않아도 카라얀의 CD는 꾸준히 팔리는 이유는 그 안에 다수가 공감하는 보편적인 아름다움이 있기 때문이다. 카라얀을 향해 '표면적인 아름다움에 불과하다', '깊이가 없다', '지나치게 아름답기만 하다'는 등 의견이 분분하지만, 이런 점들이야말로 그의 음악이 여전히 사랑받는 이유다. 카라얀만큼 아름다움을 추구한 지휘자는 없었다. 지나치게 아름답다는 비난을 받을 만큼 그의 음악은 아름다웠다. 그를 비난하는 사람에게 묻고 싶다. 아름답지 않은 음악이 더 좋은가?

예술성, 정신성처럼 추상적인 가치를 추구하는 사람에게 카라얀은 평판이 좋지 않다. 대중성을 지향한 카라얀을 비판하는 것으로 자신이 클래식 음악에 조예가 깊다고 과시하는 사람도 많다. 진정 그들이 클래식 음악에 조예가 깊은지는 의문이지만.

카라얀은 폭넓은 레퍼토리를 가졌지만 특히 베토벤, 브람스, 브루크너, 차이콥스키의 교향곡과 바그너, 베르디의 오페라에서 당대 최고의 지휘자로서 진가를 발휘했다. 20세기 음악은 그다지 다루지 않았지만, 말러와 쇤베르크, 쇼스타코비치를 다룬 명연주가 남아 있다.

96
고음악

bb

20세기 말, 클래식 음악계에 새롭게 등장한 키워드가 '고(古)악기'다. 다른 말로는 기술적 개량 전에 존재했던 악기라는 뜻으로, '오리지널 악기' 혹은 당시에 연주되던 악기라는 뜻으로 '피리어드(period) 악기'라고도 한다.

악기들은 더 좋은 음을 내기 위해 오랜 세월을 거쳐 재질과 형태가 달라졌다. 200여 년 전 모차르트 시대와 현대에 연주되는 악기는 모양도 연주법도 음질도 다르다. 1970년대 무렵부터 곡이 작곡되던 시절에 사용된 악기로 연주하자는 운동이 일어나는데, 음악가들은 당시 악기를 복원해 연주하기에 이르렀다.

악기뿐만이 아니다. 악보 역시 작곡가가 직접 쓴 상태를 복원해야 한다는 주장이 나왔다. 이런 주장이 나온 배경에는 낭만파 시대에 연주가들이 자신의 취향에 맞게 악보를 손질해 연주했던 사실이 존재한다. 그중에는 편곡 수준으로 대규모 수정을 가한 악보도 있었는데, 이를 원본 상태로 복원하자는 목소리가 커졌다.

이러한 운동의 제창자로 유명한 인물이 오스트리아 출신 지휘자 니콜라우스 아르농쿠르다. 1950년대 후반부터 고악기 악단을 결성해 활동했는데, 초반에는 클래식 음악계로부터 외면받았으나 얼마 지나지 않아 주류로 부상했다. 참고로 그가 생전에 이끌었던 빈 콘첸투스 무지쿠스는 오스트리아를 대표하는 세계적 고악기 연주단으로 성장했다.

아르농쿠르가 고음악을 연주하는 데 가장 큰 난관은 당시 악기를 찾아내는 일이었다고 한다. 그는 천신만고 끝에 유럽의 오래된 교회나 귀족 저택의 창고에 잠들어 있던 악기를 찾아냈으며 수리와 복제를 통해 당시 소리를 재현하고자 애썼다.

이처럼 고악기 연주가 클래식 음악계에서 주류를 차지하자 현대의 악기는 '모던 악기'라고 불리게 되었다.

고음악에 관심이 높아지면서 덩달아 아르농쿠르도 유명세를 탔고, 모던 악기로 연주하는 베를린 필이나 빈 필 같은 세계 최고의 오케스트라에서 지휘자로 활동하기도 했다. 그는 그곳에서 모던 악기를 고악주법으로 연주하도록 오케스트라를 지도했다.

모던 악기가 내는 소리에 익숙한 사람은 처음 고악주법 연주를 듣고 당황하기도 했지만, 이를 높이 평가하는 목소리도 많았다고 한다. 오늘날 고음악은 더 이상 새로운 음악이 아니다. 이제 음악인들은 청중의 관심과 지지를 얻을 또 다른 방법을 찾기 위해 고심하고 있다. 아르농쿠르가 그랬듯이 말이다.

97
번스타인

♭♭

1958년 11월, 미국 오케스트라 중 가장 오랜 역사를 자랑하는 뉴욕 필하모닉에 미국인이 처음으로 음악감독에 취임했다. 1842년에 창립된 이래로 뉴욕 필하모닉은 100년 이상 유럽인을 지휘자로 초빙해왔는데, 마침내 자국 출신 지휘자를 맞이한 것이다. 주인공은 바로 레너드 번스타인(Leonard Bernstein, 1918-1990)이다.

번스타인이 뉴욕 필하모닉 음악감독에 취임한다는 사실은 1년 전인 1957년 가을에 발표되었다. 당시 그는 뮤지컬이라는 장르에서 최고의 주가를 올리는 중이었다. 브로드웨이에서 그가 작곡한 뮤지컬 〈웨스트사이드 스토리〉는 초연 직후 공전의 히트를 기록했는데, 지금까지도 가장 성공한 브로드웨이 뮤지컬로 손꼽힌다. 40세를 앞둔 번스타인은 커리어의 정점을 찍은 대중음악과 유명하지만 정점은 찍지 못한 클래식 사이에서 클래식을 택한다. 만일 그가 뮤지컬을 택했더라면 더 많은 뮤지컬 걸작이 탄생했을지 모른다.

번스타인은 1918년에 우크라이나계 유대인 이민자의 아들로 태어났다. 부모님 모두 음악가가 아니었을뿐더러 부유하지도 않았다. 심지어 그는 음악 공부를 10세 무렵부터 시작했다. 다른 천재 음악가에 비하면 훨씬 늦은 나이다. 일본에서도 프로 피아니스트나 바이올리니스트가 되려면 서너댓 살에 시작하는 게 상식이다. 10세 때부터 시

레너드 번스타인

작해서 일류 피아니스트로 거듭난 그가 생전에 얼마나 피나는 노력을 했는지 짐작조차 되지 않는다.

번스타인은 하버드대학교 커티스 음악원에서 피아니스트를 비롯해 지휘자와 작곡가가 되기 위한 공부도 했다.

1943년, 번스타인은 명문 오케스트라 뉴욕 필하모닉의 부지휘자로 고용되었다. 하지만 대체로 하는 일은 허드렛일이었고, 콘서트에서 지휘할 기회란 없었다. 그러다 드디어 기회가 찾아왔다. 뉴욕 필하모닉 지휘자이자 세계적 거장인 브루노 발터가 컨디션 난조로 지휘가 어려워지자 번스타인이 대타로 지휘대에 오른 것이다. 그는 발군의 실력을 발휘하며 오케스트라를 이끌었고, 이 콘서트는 미국 전역

에 중계되어 큰 반향을 일으켰다. 아직도 그 녹음판이 남아 있다.

번스타인은 콘서트 성공으로 유명세를 치르며 앞날이 창창해 보였으나 현실은 그리 녹록지 않았다. 선배 지휘자들의 질투와 시기로 지휘할 기회를 좀처럼 얻지 못한 것이다. 교향곡을 작곡해 발표하기도 했으나 반응은 기대 이하였다.

낙담한 번스타인은 브로드웨이로 돌아와 1953년에 〈원더풀 타운〉을 발표하는데, 이 작품으로 대성공을 거두었다. 이후 거짓말처럼 모든 일이 술술 풀리기 시작했다. 1957년에 발표한 〈웨스트사이드 스토리〉는 뮤지컬 역사상 역대급 성공을 거두었다. 그는 이 기세를 몰아 마침내 뉴욕 필하모닉의 음악감독으로 취임했다.

번스타인은 뉴욕 필하모닉을 이끌며 전 세계를 투어하고, 방대한 레코드를 녹음하고, TV 정규 프로그램을 진행하는 등 활발히 활동했다. 1970년대가 되자, 프리랜서 신분으로 돌아온 번스타인은 빈 필하모닉을 비롯한 세계적인 오케스트라에 객원 지휘자로서 명연주를 들려주었다.

민주당 지지자이기도 한 번스타인은 케네디 대통령과 친분이 두터웠다. 평화운동가, 핵무기 반대 운동가로서 음악을 통해 평화를 호소하는 등 인류 평화를 위해 기여한 공적도 크다.

클래식 작곡가, 뮤지컬 작곡가, 지휘자, 피아니스트, TV 진행자, 교육자에 이르기까지 여러 영역을 넘나들며 미국이 자랑하는 월드스타로 등극한 번스타인. 하지만 그는 무엇보다 클래식 작곡가로 인정받기를 원했던 듯하다. 지휘하면서도 작곡을 이어갔지만 좀처럼 완성에 이르지 못했다. 발표한 작품 또한 세간의 평가는 낮았다. 결국 그가 작곡한 클래식 작품은 어느 것도 〈웨스트사이드 스토리〉를 능가하지 못했다.

98
뮤지컬

♭♭

  번스타인이 작곡한 〈웨스트사이드 스토리〉는 브로드웨이 뮤지컬의 걸작이다. 초연되고 30여 년 지난 1982년에 번스타인은 이 작품을 레코드로 녹음했다. 호세 카레라스, 키리 테 카나와 등 오페라 가수를 기용해서 자신의 지휘로 말이다. 당시의 메이킹 영상이 DVD로 출시되어 있는데, 음악 다큐멘터리의 명작으로 손꼽힌다. 다큐멘터리 속에서 번스타인은 이런 취지의 말을 한다.

  "이제야 깨달았지만, 이건 클래식이다."

  이 레코드는 출시되자마자 단숨에 베스트셀러로 등극하는데, 영화로 이 작품을 접한 사람이라면 카레라스의 가창법에 위화감을 느낄지도 모르겠다. 같은 음악을 다루었음에도 오페라와 뮤지컬은 특성이 다른 장르이니 그렇게 느낄 법도 하다.

  앞서 뮤지컬의 기원은 오페라라고 말한 바 있다. 이탈리아, 프랑스, 독일에서 성행한 오페라가 미국으로 건너가 독자적인 발전을 하면서 뮤지컬이라는 장르가 태어났다.

오늘날 이탈리아나 독일에서는 신작 오페라가 거의 나오지 않지만, 뮤지컬은 매년 화제작이 나온다. 이것만 봐도 오페라의 중심이 바로크 시대의 이탈리아에서 프랑스와 독일을 거쳐 20세기에는 미국으로 옮겨 갔다고 볼 수 있다.

뮤지컬이 오페라와 결정적으로 다른 점은 무엇일까. 바로 춤이다. 오페라에도 춤추는 장면은 있지만 스토리상 필요한 경우에 불과하다. 이를테면 무도회 장면처럼 말이다. 하지만 뮤지컬은 춤으로 모든 것을 표현한다. 극 중에서는 춤출 필요가 없는데, 인물들은 춤을 추고 대화를 나누면서 그렇게 드라마가 진행된다.

발성법도 다르다. 뮤지컬의 발성은 기본적으로 팝송과 동일하다. 그래서 뮤지컬을 영화로 만들어도 큰 위화감이 없다. 하지만 오페라를 영화로 만들면 특유의 과한 발성이 사실적 영상과 동떨어져 이질감이 발생한다. 오페라 영화가 좀처럼 흥행하지 못하는 이유가 여기에 있다. 오페라의 발성이 영화라는 형식에 적합하지 않다는 얘기다.

그 반대의 예가 1986년에 만든 뮤지컬 〈오페라의 유령〉이다. 이 작품은 '오페라 가수를 주인공으로 한 뮤지컬'이라는 복잡한 구조를 가지는데, 2004년에 영화화되었을 때 클래식 관계자들은 화들짝 놀랐다고 한다. 오페라 가수로 나오는 인물이 팝송을 부르는 듯한 발성으로 노래했기 때문이다. '저건 오페라 가수가 아니다'라는 비난이 일었으나, 오페라 가수를 연기한 배우는 본래 오페라 가수가 아니었으니 과한 비난이 아닐까 싶다. 〈오페라의 유령〉에 성식 오페라 가수들이 출연했다면, 아마 영화는 흥행하지 못했을 것이다.

99

영화음악

bb

　시중에는 '영화에 삽입된 클래식'이라는 타이틀로 수많은 CD가 나와 있다. 이처럼 기존 클래식 음악을 영화 OST으로 사용하는 예는 적지 않다. 스탠리 큐브릭은 자기 작품에 클래식을 자주 삽입하는 것으로 유명하다. 프랜시스 코폴라의 영화 〈지옥의 묵시록〉에 흘러나오는 〈발퀴레의 기행〉 또한 인기를 얻었다.

　이른바 '영화음악'으로 불리는 장르는 영화를 위해 작곡된 음악을 말한다. 큐브릭의 〈2001년 스페이스 오디세이〉처럼 기존 클래식 명곡을 쓰는 경우도 있지만, 대개는 영화를 위해 곡을 따로 만든다. 영화음악 작곡가로는 조지 루카스가 감독한 〈스타워즈〉의 OST를 작곡한 존 윌리엄스나 〈대부〉의 OST를 작곡한 니노 로타가 유명한데, 알고 보면 클래식 작곡가 중에도 영화음악을 작업한 경우가 많다.

　초기 영화는 무성영화인지라 음악이 삽입될 수 없었다. 그 대신 영화관마다 소속 악단이 영화에 맞춰 음악을 라이브로 연주했다. 그 시대에 영화음악을 작업했던 작곡가로 프랑스의 오네게르, 미요, 사티, 독일의 힌데미트, 소련의 쇼스타코비치 등이 있다. 쇼스타코비치는 무성영화가 유성영화로 바뀐 다음에도 수많은 영화음악을 작곡했다.

독일에서 나치가 정권을 잡고 유대인 탄압을 자행하자 다수의 음악가가 미국으로 망명하는데, 그들 대부분은 할리우드에서 영화음악을 만들며 생계를 이어갔다.

1960년대 무렵부터는 영화음악에 전자악기를 사용하기 시작하면서 팝송 영화음악이 많아졌다. 하지만 영화음악의 주류는 여전히 오케스트라가 연주하는 음악이다. 영화음악이 오페라에서 발전된 형태임을 짐작하는 대목이다.

맥스 스타이너는 할리우드의 영화음악 형식을 확립했다고 평가받는 인물인데, 그의 대표작은 그 유명한 〈바람과 함께 사라지다〉다.

스타이너는 오페라 기법을 영화에 도입했다. '언더스코어'와 '라이트 모티브'가 그것이다. 언더스코어란 배우가 대사할 때 배경으로 흐르는 음악을 말한다. '대사의 아래'라는 의미로 언더스코어라고 한다. 스타이너는 언더스코어를 삽입해 영상과 대사와 음악이 한꺼번에 시너지를 일으켜 극적인 효과를 연출한다고 주장했다. 처음에는 감독들이 그의 말을 이해하지 못했다. 당시 영화는 화면에 등장하는 사람이 연주하는 것 외의 음악이란 존재하지 않았으니까.

스타이너가 이상적이라고 여기던 언더스코어는 '영화를 다 본 관객이 음악이 흐르고 있었음을 눈치채지 못하는 음악'이었다. 영화의 주연이 아니라 어디까지나 영화적 효과를 높이기 위한 조연으로 음악이 존재하기를 바랐던 것이다.

라이트 모티브는 바그너가 개발한 기법으로, '유도 동기'라고 번역된다. 간략히 말해 등장인물이나 사건에 각기 다른 선율을 만들어 이야기 전개를 제시하는 방법이다. 가령 어떤 인물이 나올 때는 그 사람의 테마 음악이 배경으로 흐르는 식이다.

스타이너도 독일 출신이지만 그 뒤를 이어 할리우드에 건너온 코른골드도 독일 음악가였다. 존 윌리엄스는 〈스타워즈〉 음악을 만들 때 코른골드의 음악을 참고했다고 알려진다. 스타이너와 코른골드는 독일 후기 낭만파에 속하는 작곡가였는데, 그 전통이 할리우드 영화로 계승된 셈이다.

맺는 글

    세계사 전반을 다룬 책도 좋아하지만, 독일사나 프랑스사처럼 나라별 역사를 다룬 책도 즐겨 읽는다. 이 책은 세계사 중에서 클래식에 초점을 맞춘 역사서라 하겠다.

    어느 나라든 신화나 전설로 시작해서 건국의 아버지가 등장하고 혁명이나 내전을 거쳐 근대국가로 거듭나는 역사를 가진다. 그 속에는 수많은 인물이 등장한다. 영웅, 독재자, 혁명가, 이단아, 반역자 등등. 클래식 음악의 역사도 비슷한 전개를 통해 오늘날에 이르고 있다.

    클래식 음악은 400여 년 역사에 불과하지만, 지리적으로는 지구 전체에 걸쳐 발전했기에 책 한 권으로 모든 것을 아우르기란 불가능하다. 다른 클래식 입문서에 소개되는 훌륭한 거장 중 이 책에는 등장하지 않는 사람이 적지 않으리라.

    이 책에는 지휘자 카라얀과 번스타인이 등장하지만 푸르트벵글러는 없고, 피아니스트 굴드는 등장하지만 호로비츠는 없다. 피아니스트는 있지만 바이올리니스트는 없고, 소프라노는 있지만 테너는 없다. 클래식 마니아라면 아쉬운 부분 한둘이 아닐 것이다. 오케스트라곡을 비중 있게 다루는 대신 오페라나 성악곡, 실내악, 기악곡은 비중이 작다. 이런 지적에는 그저 "죄송합니다. 다 알고 있지만, 분량상 어쩔 수 없었습니다"라고 양해를 구하는 수밖에 없다. 부디 독자들의 너그러운 이해를 바란다.

처음 읽는
클래식 음악의
역사

초판 1쇄 인쇄 2022년 11월 21일
초판 1쇄 발행 2022년 11월 28일

지은이 나카가와 유스케
옮긴이 나지윤
펴낸이 이효원
편집인 미토스
마케팅 추미경
디자인 양미정(표지), 기린(본문)
펴낸곳 탐나는책
출판등록 2015년 10월 12일 제 2021-000142호
주소 경기도 고양시 덕양구 삼송로 222, 101동 305호(삼송동, 현대헤리엇)
전화 070-8279-7311 **팩스** 02-6008-0834
전자우편 tcbook@naver.com

ISBN 979-11-89550-81-3 (03900)